JN099981

［改訂増補］

パワハラ
セクハラ
マタハラ

相談は こうして

こじらせない！

話を聴く

職場
ハラスメント
の対処法

野原 蓉子 ／著

改訂増補版の発行にあたって

　令和２年（2020年）１月15日、厚生労働省はパワーハラスメントに関して事業主が雇用管理上講ずべき措置等について定めた指針等を告示し、６月１日に施行しました。いわゆる「パワーハラスメント防止のための指針」（パワハラ防止法）です。そこでは、パワーハラスメントを、①優越的な関係にもとづき、②業務の適正な範囲を超え、③就業環境を害することの「すべてを満たすもの」と定義しました。本書は、この指針等を踏まえ、ハラスメント被害者から相談があったときに、職場や相談窓口がどのように対応したらよいか、どのようなことがパワハラとなるのかを第１版と同様に事例に即して詳しく説明します。

　当事者からしっかり話を聴き取り、なんとかして当事者双方および相談担当者がよりよい方向に進んでいくためには初動対応が大切です。その経過を、問題解決に至った例、対応を誤った例、その改善例を会話形式で記述しました。本書の相談例や事例はプライバシーに配慮して適宜、省略と変更を施しましたが、すべて筆者自身が担当した多くの実例から抽出したエッセンスで構成しています。また今回の改訂増補版では、ハラスメント相談を「こじらせない」ために欠かせない対応法や実践的な会社内研修プログラムについての章を加筆しました。

　職場では、そこで働く人々との組み合わせによって、さまざまなハラスメントが起こりえます。たとえ悪意をもった指導ではなかったとしても、あるいは第三者としてただ傍観していただけであっても、その場にいる誰かが安心して働けない職場状況があったなら、誰がその責任を取るべきなのでしょうか。

　ハラスメントは会社という組織の構成員全体にかかわる問題です。そのため、上記の指針は、事業主の責任を明記してパワハラを防止するための対策を義務づけました。

指導する側は「熱心な指導はパワハラと紙一重」だと自覚する必要があります。他方、指導を受ける側は「なぜ、これは必要な指導なのか」という不信感をそのままにしておけないこともあるでしょう。この両者の間で、時に激しい摩擦や対立を生じさせるかもしれませんが、お互いを信頼して話し合えるという関係と雰囲気がなければ、多様性のある企業文化を育てることはむずかしいと思います。

　現在は、依然として新型コロナウイルス感染症の収束が見通せない状況です。そのような目に見えない恐怖のために、精神的にも経済的にも追い込まれる人が少なくないと想像されますので、従来とは違うハラスメントが出てこないかと危惧しています。これまでどおりに働きたくても働けないというのは、個人に責任がない苦痛という意味で、人生に根本的な不条理だと思います。多くの人々は、人生の重要な時間とエネルギーを「仕事」に注力し、生きがいを感じて働きたいと希求しているはずだからです。

　仕事を安全な職場環境で行なうのは、生活に必要な個人的手段の確保にとどまりません。国際労働機関（ILO）が2019年6月の総会で、「仕事の世界における暴力とハラスメントの撤廃に関する条約」（第190号）を採択したことから明らかなように、人間としての基本的な権利だと考えます。

　本書が、ハラスメント対策と相談に従事している方々の初動対応のお役に立ち、自分を活かして仕事をしたいという人々の支援となることを心から願っています。

＊

　本著の刊行に際し多大なご尽力を頂きました福島学院大学大学院教授渡邉勉先生、そして経団連出版の高橋清乃さんに深く感謝申し上げます。

野原蓉子

目次

［**具体的手順**］
あたたかみのある対応で相手との壁を下げていく／守秘義務の説明をする／相手の話をなぞる、適度のレビューをする／メモを取ることで安心感を与える／声のトーンを共鳴させる／相づちを打つ／相談者の体調を確認する／過重労働について確認する／要望を聴き取る／先の見通しを伝える／言い残したことがないかたずねる／時間がきたら、次回の約束をする

［**相談効果を高める工夫**］
沈黙時には少し待つ／「共感」で相手の気持ちをくむ／話を聴く前から結論（予断）を持たない／相手のペースで話を聴く／視野を広げてもらえる支援をする／相談者（相手）を理解することに努める／相談者の気持ちが楽になれば、大きな効果と考えられる／相手の

表紙カバーデザイン──林　一則

第 1 章

パワーハラスメントとは

パワーハラスメントは個人の尊厳と人格を傷つけるものであり、企業にとっては貴重な人材の損失につながる重要課題です。対応を怠ると過労死、過労うつなどの健康問題を生じさせかねません。

1　パワーハラスメント防止は企業の責務である

　日本で初めてのハラスメント法（セクハラ防止法）が制定され、男女雇用機会均等法の改正法として施行されたのが1999年です。筆者は1997年より旧労働省セクハラ調査研究会委員に産業カウンセリング分野を代表して参加していましたが、当時は「セクハラ法なんて日本には合わない。定着するわけがない」といわれていました。

　このたび、パワーハラスメント防止法（改正労働施策総合推進法、以下パワハラ防止法と略記）が2019年5月29日に成立しました。大企業には2020年6月から、中小企業には2022年4月から施行されることになり（中小企業は施行日までは努力義務）、パワハラ行為を行なってはならないことが義務づけられました。ようやく、ハラスメント（セクハラ、パワハラ）は許されないという文化にまで育ったのかという感慨を持ちます。

　ハラスメント（harassment）とは、もともとフランス語を語源とし、「繰り返される執拗な攻撃と非難により苦しめること」を意味します。そこにパワー（power）を組み合わせたパワーハラスメントは、日本でつくられた造語ですが、今般示されたパワハラ防止法の指針では、「職場におけるパワーハラスメント」を

◆優越的な関係を背景とした言動であって
◆業務上必要かつ相当な範囲を超えたものにより
◆労働者の就業環境が害されるものであり
◆上記の3つの要素をすべて満たすもの

と定義しています（詳しくは、後述）。

　ところで、「平成28年度 職場のパワーハラスメントに関する実態調査」（厚生労働省）を見ると、「従業員向けの相談窓口で従業員から相談の多いテーマ」はパワーハラスメントが32.4%ともっとも多く、「過去

３年間にパワーハラスメントを受けたことがある」従業員は32.5％にのぼっています。しかし、パワーハラスメントを受けたと感じた者のうち、その後「何もしなかった」は40.9％で、その理由は「何をしても解決にならないと思ったから」が68.5％ともっとも高く、次いで「職務上不利益が生じると思ったから」は24.9％でした。このような、相談への不信感を見過ごすことはできません。

　同調査書からパワーハラスメント予防・解決に向けた現在の取り組み状況を見ると、「取り組みを実施している」企業は全体の52.2％ですが、「特に取り組みを考えていない」企業も25.3％あります。それらの企業を比較してみると、パワーハラスメントが職場や企業にマイナスの影響を与える（職場の雰囲気を悪くする、従業員の心の健康を害する、人材が流出する）という認識ではほとんど一致しているものの、「職場の生産性が低下する」「企業イメージが悪化する」「訴訟などによる損害賠償などの金銭的負担が生じる」などの項目では、危機意識に大きな違いが認められます。

　つまり、取り組みを実施している企業では「生産性の低下」「企業イメージの悪化」「訴訟」などを危機として十分意識し、備えの必要性を感じているのに対して、特に取り組みを考えていない企業では、マイナス面を十分に認識できていないことが読み取れます。

　個人や組織の成長、発展のためには「小さな失敗から大きく学ぶ」ことが重要だといわれます。大きなトラブルになって取り返しがつかない事態になるのを予防するだけでなく、働く人々の就業環境をよりよいものにするために、パワーハラスメント防止は企業の責務である、ということをあらためて認識していただきたいと思います。

2 不可欠な経営者のリーダーシップ

2019年6月、国際労働機関（ILO）は年次総会で、職場における暴力やハラスメントを全面的に禁止する初の国際条約を採択しました。日本政府もこの条約の採択に賛成しましたが、すぐに批准することはむずかしいと考えているようです。それは、条約が求めているハラスメント行為そのものの禁止や、ハラスメント行為があった場合に制裁を科すことまでを規定すると、訴訟リスクが増大すると経営側が警戒し、慎重になっているからといわれています。また、「指導との区別がむずかしい」「人材育成ができない」などの根強い反論もあります。

最近、指導の範囲を大きく逸脱している企業の実態（上司からの暴行・暴言により自殺にまで追い込むパワハラと違法な長時間労働が関係した事件）が多数、明らかになっています。大企業や官公庁のパワハラ自殺事件、パワハラ暴行事件、セクハラ事件等が連日のように報道されていることに加え、かんぽ生命の不正販売はパワハラにより助長されたとも見られています。パワハラ問題は会社が適正に対応しなければビジネス上も大きな打撃を被りますので、経営を揺るがすほどの課題であり、問題が表面化している会社だけでなく、すべての経営者、管理職が深く心に刻まなければならない教訓のはずです。

さまざまな不祥事の背景には、必ずといっていいほど何らかのハラスメントがあります。これまでけっして好ましいとは思われないが黙認されてきたこと、あえては波風を立てずにすまされてきたことに対して真っ向から疑問の声を上げる人が出てきています。パワハラは許されないという企業文化の創出が求められているのです。

このようなボトムアップの動きと経営者のリーダーシップとは、両者のタイミングと熱意がうまくかみ合わなければ新しい文化として定着していくことはありません。

「どれほど能力ある社員でもハラスメントを起こした社員を会社は処分します」

このトップ表明を聞いた社員は「会社は、ハラスメントを受けるような人は弱いからだ、優秀な人間のほうを失いたくないと考えていると思ったが、トップはそうではなかった」と話していました。どの社員も大切な人材です。ハラスメントで傷つけることは許されません。

今後は、パワハラ防止法の指針が判断の基礎となっていきます。いま企業に求められているのは、パワハラかどうか、許される範囲かそうでないかという対策だけではなく、会社組織の改善、つまり働きやすい職場環境への改革です。

マタニティハラスメント（マタハラ）といわれる出産、育児に関するいやがらせはハラスメントとして法律に規定され、事業主にはマタハラ防止措置が義務づけられました。性的少数者（LGBT）に対する差別がセクハラに含まれることも明確化され、セクハラの対象が広がっています。企業はこうした新しい法令や指針にも注意を配る必要があります。

また、これまではハラスメントが発生しても、マスコミに報道されなければ、社会的に表面化することはあまりありませんでした。しかしいまは、だれもがソーシャルメディアを使って発信ができる時代です。社員が自ら投稿するケースは押さえ込むことができるかもしれませんが、社員から相談を受けた第三者の投稿をくい止めることは不可能です。ソーシャルメディアの拡散力は高く、情報はまたたく間に広がります。しかも、ネット上の情報はほぼ永遠に残り続けることを覚悟しなければなりません。

本気でハラスメントの発生自体を防止しなければ、経営上のリスクは拡大していくばかりであり、その結果、企業文化や創業の精神までもが問われることになるのです。この点を企業経営者、人事担当者、法務担当者、広報担当者などは十分認識しておかなければなりません。

3　職場のパワハラの6類型

　厚生労働省は「職場におけるパワーハラスメント」について、①優越的な関係を背景とした言動であって、②業務上必要かつ相当な範囲を超えたものにより、③労働者の就業環境が害されるものであり、この①から③までの要素をすべて満たすもの、と定義しました。

　ここでのポイントの一つが、職場における「優越的な関係を背景とした」の部分にあります。パワハラは上司から部下に対してなされるのが一般的です。なぜなら、通常は上司が優越性を持っているからです。しかし職場によっては、ベテラン社員が業務のすべてを把握していることがあります。そこに新任の上司が着任した場合に、ベテラン部下が上司への協力を意図的にしないとなれば、上司は仕事を進められないことが起こりえます。このようなケースでは、部下のほうが職場内の優越性を有していると考えられますので、部下から上司に対するパワハラもあるのです。

　パワハラを防止するためには管理職だけでなく、全従業員を対象に教育・研修を行なう必要があります。それは上司から部下へのパワハラ、先輩から後輩へのパワハラだけでなく、部下から上司へのパワハラ、同僚同士のパワハラも起こりうるからなのです。

　次にポイントとなるのが、「業務上必要かつ相当の範囲を超えたもの」という部分です。上司は部下に対して業務上の命令を出します。部下は、自分のやりたくない仕事を命じられれば不快に感じることもありますが、それがすぐにハラスメントと判断されるわけではありません。上司の命じた内容が仕事上必要なことであり、業務の適正な範囲内であれば、パワハラには該当しません。パワハラとなるのは、業務の適正な範囲を超えた場合です。

　具体的に見ていきましょう。厚生労働省は、「指針」の中でパワハラ

の代表例として次の6類型をあげています。

1　身体的な攻撃（暴行・傷害）

◆殴打、足蹴りを行なうこと

◆相手に物を投げつけること

〔該当しないと考えられること〕

◇誤ってぶつかること

2　精神的な攻撃（脅迫・名誉棄損・侮辱・ひどい暴言）

◆人格を否定するような言動を行なうこと（相手の性的指向・性自認に
　関する侮辱的な言動を行なうことを含む）

◆業務の遂行に関する必要以上に長時間にわたる厳しい叱責を繰り返し
　行なうこと

◆他の労働者の面前で大声での威圧的な叱責を繰り返し行なうこと

◆相手の能力を否定し、罵倒するような内容の電子メール等を当該相手
　を含む複数の労働者宛てに送信すること

〔該当しないと考えられること〕

◇遅刻など社会的ルールを欠いた言動が見られ、再三注意してもそれが
　改善されない労働者に対して一定程度強く注意をすること

◇その企業の業務の内容や性質等に照らして重大な問題行動を行なった
　労働者に対して、一定程度強く注意をすること

3　人間関係からの切り離し（隔離・仲間外し・無視）

◆自身の意に沿わない労働者に対して、仕事を外し、長期間にわたり、
　別室に隔離したり、自宅研修させたりすること

◆一人の労働者に対して同僚が集団で無視をし、職場で孤立させること

〔該当しないと考えられること〕

◇新規に採用した労働者を育成するために短期間集中的に別室で研修等
　の教育を実施すること

◇懲罰規定に基づき処分を受けた労働者に対し、通常の業務に復帰させ
　るために、その前に、一時的に別室で必要な研修を受けさせること

4 過大な要求（業務上明らかに不要なことや遂行不可能なことの強制・仕事の妨害）

◆長期間にわたる、肉体的苦痛を伴う過酷な環境下での勤務に直接関係のない作業を命ずること

◆新卒採用者に対し、必要な教育を行なわないまま到底対応できないレベルの業績目標を課し、達成できなかったことに対し厳しく叱責すること

◆労働者に業務とは関係のない私的な雑用の処理を強制的に行なわせること

〔該当しないと考えられること〕

◇労働者を育成するために現状よりも少し高いレベルの業務を任せること

◇業務の繁忙期に、業務上の必要性から、当該業務の担当者に通常時よりも一定程度多い業務の処理を任せること

5 過小な要求（業務上の合理性なく能力や経験とかけ離れた程度の低い仕事を命じることや仕事を与えないこと）

◆管理職である労働者を退職させるため、だれでも遂行可能な業務を行なわせること

◆気に入らない労働者に対して、いやがらせのために仕事を与えないこと

〔該当しないと考えられること〕

◇労働者の能力に応じて、一定程度業務内容や業務量を軽減すること

6 個の侵害（私的なことに過度に立ち入ること）

◆労働者を職場外でも継続的に監視したり、私物の写真撮影をしたりすること

◆労働者の性的指向・性自認や病歴、不妊治療等の機微な個人情報について、当該労働者の了解を得ずに他の労働者に暴露すること

〔該当しないと考えられること〕

◇労働者への配慮を目的として、労働者の家族の状況等についてヒアリ

ングを行なうこと

◇労働者の了解を得て、当該労働者の性的指向・性自認や病歴、不妊治療等の機微な個人情報について、必要な範囲で人事労務部門の担当者に伝達し、配慮を促すこと

7 その他

これら以外にも、

◆法令の限度を超える時間外労働を強いる

◆サービス残業を強いる

◆部署のノルマを達成したかのごとく数字を書き換えさせる

◆上司にとって不都合なことを日報に書かせない

など、法令に反する要求や、著しくモラルに反する要求などもハラスメントに該当します。いずれも、部下にとって心理的に辛いばかりか、それらを強いることは反社会的な行為であり、会社の信用を著しく害するものとなります。

　パワハラ防止法が施行されて相談窓口の設置が企業に義務づけられたことからパワハラ被害者からの相談は増えつつあります。一方で、被害者が行為者ヒアリングまで承諾することは必ずしも多くありません。実際、ハラスメント被害者は行為者と日常の業務をともにしており、陰湿な妨害やいやがらせなどの報復を何よりも恐れているからです。相談担当者がパワハラ事案として受け付けて話しを進めていこうとしても、当事者双方から事実確認のヒアリングをできない限り、相談はその時点で中止となります。

　相談窓口担当者の悩みは、パワハラ被害を受けても窓口に相談しないことと、窓口への相談を経由しないでいきなり外部機関に訴える場合が少なくないことです。いずれも行為者からの有形無形の報復を恐れていることに深くかかわっています。

　窓口担当者が相談は秘密であり不利益にならないといくら口頭で保証しても被害者に安心感を与えるのはむずかしいでしょう。会社にさまざまな内部通報の制度があっても十分に機能していなかったり、報復人事が起きているなら、社員はそれを感じ取っています。パワハラ被害のアンケート調査でも、一般の社員が会社を必ずしも信頼していないことが明らかになっています。その結果、被害者や行為者とされた人のどちらかが会社を辞めてから、外部に相談することになりがちです。相談担当者が自身の非力を感じさせられるのはこういうときです。

　パワハラ被害に悩む社員を見捨てずに守り通す力は会社にしかないことを、責任ある立場の人にあらためて認識していただきたい。それが、パワハラ相談に長年、携わってきた筆者の思いです。それ以外に相談窓口担当者を勇気づけるものはありません。

第2章

相談窓口の役割と
相談への対処法

ハラスメント防止のカギを握る相談窓口の対処法を見ていきます。
相談窓口担当者が最初の面談で相談者との間に信頼関係を築ける
ことが、初動を成功させるポイントです。初動対応によって事態
の悪化をくい止めます。

1　カギを握るのは「相談窓口」の初動対応

　前章の厚生労働省の実態調査によれば、相談窓口を社内に設置している企業は47.4％、会社とは独立した外部の組織に委託している企業は2.4％、社内と社外の両方とする企業は23.5％です。全体では、4社に3社（73.3％）は相談窓口を設置し、ハラスメント、メンタルヘルス、コンプライアンスなど総合的に相談を受けているところが多く見られますが、もっとも上位を占めている相談はパワハラ（32.4％）です。次いでメンタルヘルス（28.1％）となっています。

　パワハラの予防に取り組んでいる企業が実施している施策としては、「相談窓口を設置した」が82.9％でトップ、次が「管理職を対象にパワハラについての講演や研修会を実施した」（63.4％）、「就業規則などの社内規定に盛り込んだ」（61.1％）と続いています。相談窓口の設置をパワハラ対策のポイントと考えている企業が多いことがわかります。

　ところが相談窓口が実際に利用されているかについては、利用実態が少ないことが示されています。パワハラに関する相談件数（過去3年間）は、従業員1000人以上の企業では、0件が3.5％、1～10件が53.7％となっており、半数強の企業では10件以下となっています。

　実態調査では、約3人に1人がパワハラを受けた経験があると答えていますが、実際には相談窓口に相談がなされておらず、会社が把握できていない「隠れたパワハラ」が相当数に上っていることが推測されます。

　それは、同調査の従業員の相談実態を見ると、よりはっきりします。パワハラを受けた人のうち、「何もしなかった」40.9％、「会社関係に相談した」20.6％、「会社とは関係のないところに相談した」24.4％となっています。また、社内の相談窓口に相談した人は3.5％、人事等の社内の担当部署（相談窓口を除く）に相談した人は5.1％、会社が設置している社外の相談窓口に相談した人は1.7％、労働組合に相談した人は

2.3％と、相談窓口の利用者が少数にとどまっていることがわかります。

　前章でも指摘していることですが、パワハラを受けても何もしなかった理由は、「何をしても解決にならないと思ったから」が68.5％、「職務上不利益が生じると思ったから」が24.9％でした。多くの人が、会社に相談しても何も変わらないだろうと考えており、会社に相談すると何か不利益になるのではないかと心配している心理がうかがえます。

　したがって、こうした心理を踏まえた窓口づくりをしなければ、相談窓口は機能しないことになります。相談窓口担当者は、潜在的相談者の不安な気持ちを十分取り扱えていないことを自覚する必要があります。

　一方で、調査結果から一つの希望も見えてきます。全社をあげて積極的にパワハラ予防に取り組んでいる会社では、窓口に相談をしてパワハラ行為があったと認定された人の大多数が、「事後に納得した」と答えています。相談窓口が誠意を持って取り組んだ場合は、被害を受けた社員の多くが会社の対応に納得していることがわかります。

　納得した人が社内に増えていけば、それが情報として他の社員にも伝わっていき、潜在的相談者にも相談してもらえるようになります。相談窓口が一人ひとりに向き合い、丁寧に対応することで納得してくれる人が増えてくれば、社内の風土は大きく変わってくるはずです。

　社会生活を営むうえで人間関係上のトラブルはつきものです。そのため、いち早くハラスメントの芽を見つけ出し、「初動」（最初の手当て）できちんと対応することが重要なのです。

　初動に失敗すると問題がこじれていき、裁判になって徹底的に争うことになったり、ネットに情報が流出し拡散してしまうこともありえます。筆者はこれまで、被害者と行為者の双方から、たくさんのハラスメントの相談を受けてきました。こじれてしまったあとに、企業の社内相談窓口から対応を依頼されたケースも少なくありません。それらの経験を振り返ってみると、初動対応についての知識が乏しいために問題をこじらせてしまったケースが多々あることがわかります。

相 談 受 付 票

第　回 相談日時	令和　　年　　月　　日（　　）　　　　：　　～　　：
担当者	
相談者	氏名　　　　　　　　　所属 　　　　　　　　　　　連絡先
行為者	氏名　　　　　　所属　　　　　　相談者との関係
問題行為	・いつ ・どこで ・どのように ・他者に対しても同様の言動はあるか ・現在の状況
相談者の 感情・対応	
第三者・目撃者	
他者への相談	・有　氏名・関係等　　　　　　　対応の内容 ・無
相談者の意向	□話を聴いてほしい □事情を報告したい □行為者の言動を止めさせたい □行為者に謝罪をしてほしい □行為者との接点をなくしたい □行為者に注意・警告をしてほしい □行為者への懲戒処分 □その他
相談者の心身の状況	
相談者への対応 説明事項	
次回予定	令和　　年　　月　　日（　　）　　　　：　　～　　：
相談後の対応状況	

行為者聴き取り表

第　回 面談日時	令和　　年　　月　　日（　　）　　　　　：　　～　　　：
担当者	
対象者	氏名　　　　　　　　　　　　　所属
事実確認	・相談者との関係 ・相談者が主張している事実関係の有無、相違点等 　相談のような言動があったか 　いつ、どこで、どのような言動であったか
行為者の 対応・意向	・なぜ、そのような言動を取ったか ・加害行為の意識の有無 ・謝罪等の意思の有無
第三者・目撃者	
行為者への対応 説明事項	
次回予定	令和　　年　　月　　日（　　）　　　　　：　　～　　　：
面談後の対応状況	

2 複合的ハラスメントへの対応

　厚生労働省の各種ハラスメント関連指針は、さまざまなハラスメント
が複合的に生じることを想定しています。実際に生じているハラスメン
トを見ても、パワーハラスメント（パワハラ）、セクシュアルハラスメ
ント（セクハラ）、妊娠・出産・育児に対するマタニティハラスメント
（マタハラ）、介護等に関するハラスメントなどが混在して起こりがちな
ことから、ハラスメントの相談窓口担当者は、パワハラ、セクハラ、マ
タハラなどの知識を有しておくことが必要です。

　2017年1月以降、妊娠・出産・育児・介護等に関するハラスメント
（マタハラなど）の防止措置が事業主に義務づけられました。また、セ
クハラについては指針が改正され、LGBT等の性的少数者に対する言動
が、セクハラに該当することが明文化されました。

　ハラスメントに当たるかどうかを考える際にハラスメント指針から読
み取るべき重要なポイントは、その言動がどの程度相手の「就業環境」
を害しているかにあります。さまざまな個人情報をプライバシーとして
尊重するのは当然です。したがって家族状況や病歴などを本人の了解な
く暴露したり嘲笑したりすることが、本人の就業環境を不快にして能力
の発揮に看過できない影響を与える場合には、ハラスメントとして対応
しなければなりません。

3 社内相談窓口と社外相談窓口を連携させる

　相談窓口には「社内相談窓口」と「社外相談窓口」があります。

　前述の平成28年度実態調査によれば、社内窓口と社外窓口を両方設置している企業は、従業員99人以下は7.1％、100〜299人では17.5％、300〜999人では33.7％、1000人以上では56.9％です。

　従業員の少ない企業では人的余裕がないため、外部のみ（社外）に相談窓口を委託していることもあります。大企業の場合は、社内のみに設置しているケースと、社内・社外の両方に設置しているケースがありますが、社内相談窓口を相談しやすい形にできれば、社外相談窓口を設置する必要はありません。ただ現実には、社内に相談すると不利益を被るのではないかと心配して、最初に社外の相談窓口を利用する人がかなりいます。

　筆者はハラスメント相談経験者として社外相談窓口を引き受けていますが、「会社には言わないでください」「匿名で会社に連絡を入れてください」と頼まれることがあります。いきなり社内相談窓口に相談するのは心配なので、まず社外相談窓口に相談してワンクッションを入れて、その後に社内相談窓口に相談したいという気持ちが働くようです。

　また、社内相談窓口につなぐ際は、あらかじめ本人の了解を得ていますが、緊急性が高いと判断した場合などは、本人の了解を得なくても、会社内の医療スタッフ（産業医や保健師）に連絡することがあります。ただしそれは、医療スタッフと日頃から話し合いをしており、互いに「チーム内守秘義務」の取り決めがあることを前提としています。

　一方で、会社に対しては3〜6ヵ月ごとに、相談の人数やどのような相談があったか、その特徴や傾向を、個人名が特定されない範囲で報告しています。社内相談窓口から専門的な立場でのアドバイスを求められることも多く、社内相談窓口から引き継いで、個人の相談を受けること

もあります。このほか、ハラスメント行為者のヒアリングを社内相談窓口から依頼されることもあります。行為者のヒアリングは、行為者の強固な思い込みや感情的な反発、時には極度な落ち込みなどの理由から、非常にむずかしく、専門知識を必要とするものだからです。

社内相談窓口と社外相談窓口の実施例

【社内相談窓口の設置】

　Ａ社では、相談窓口の専門外線電話番号と専門内線電話番号を社是を書いたカードに掲載しています。また社員用ウェブサイトに相談員の写真や経歴を載せています。相談しやすくする工夫の一つとして、個人情報を完全に守るために「過去にこんな相談がありました」というキーワードのみを紹介し、3ヵ月に1度、更新しています。

【社内相談窓口と社外相談窓口の併設】

　Ｂ社の社員用ウェブサイトには、社内相談窓口だけでなく、社外相談窓口の電話番号、ファクシミリ番号、電子メールアドレスを掲載しています。また事業所内には、社内相談窓口と社外相談窓口の情報を掲載したポスターを数箇所に貼り、社員の目にふれるようにしています。

【社外相談窓口への委託】

　Ｃ社の社外相談窓口では、社外カウンセラーが定期的に会社に出向いて社員と面談を実施しています。ハラスメントに限定せず、入社2年目、入社7年目などの節目には「リフレッシュトーキング」という名称で該当者全員を、また異動後や、育休や病休などの休職明けには必ず面談を実施し、だれでも必要なときには社内で気軽にカウンセリングを受けられる雰囲気をつくっています。

4　相談者との信頼関係構築
―相談窓口対応の基本

　相談者に対しては、相談窓口担当者（相談員）はカウンセリングの基本姿勢でのぞみます。根幹にあるのは、窓口にきてくれた相談者と「信頼関係をつくれるか」です。それを忘れてしまうと、単なる事案の処理作業となり、相談者の納得は得られません。

　相談窓口担当者として一番避けるべきは、事務的に淡々と相談を受けることです。事務的に相談にあたったほうが中立的な対応ができると思うかもしれませんが、実際には本当の問題解決にはつながらず、トラブルを外部に流出させ、問題を拡大させてしまう結果となりがちです。それでは、結果として相談者のためにも、会社のためにもなりません。相談者の感情に巻き込まれないことと事務的に対応することは、まったく異なります。相談者との信頼関係が築けなければ、問題解決の方向に進めることはできません。

　現実的に多いのは、「この担当者は、あまりにも事務的で、私のことなんか何も考えてくれそうにない。きっと会社のことしか考えていない。もしかすると、面倒くさいと思っているかもしれない。こんな人に相談しても意味がない」と思われるケースです。そうなると、会社の相談対応に不満を持ち、弁護士や厚生労働省の都道府県労働局など外部に相談しようと考える人、中には、マスコミに訴えようとする人が出てくるかもしれません。

　相談が弁護士などの外部に持ち込まれて、外部から指摘されてしまったら、厳しい対応を取らざるをえなくなります。行為者に対して過剰な制裁が行なわれるケースも考えられます。「行為者を厳しく処分しておけば、世間から厳しいバッシングを浴びずにすむ」といった安易で公正とはいえない措置がされるかもしれません。

　行為者にも人権があり、生活もかかっています。過剰な制裁は避けな

ければなりません。外部に相談が持ち込まれてしまうと、外圧によって、行為者にとっても社会的制裁以上の不利益が生まれかねないのです。

「信頼関係をつくること」こそが、初動のもっとも重要な手続きです。信頼関係をつくることができないと冷静に話し合いを続けることがむずかしいため、申し立てた相談者にとっても、行為者にとっても、会社にとっても、マイナスとなることが多くなります。逆に言えば、初動に成功してこそ、当事者も会社も救うことができるのです。その点を十分に認識しておかなければ、ハラスメント相談が双方に不満を残すことになります。

なお実際のヒアリングにあたって参考になるのは、厚生労働省「あかるい職場応援団」ハラスメント関係資料にある「相談受付票」「行為者聞き取り表」です。ホームページからダウンロードできますので、これをもとに窓口用に工夫してください。

5　信頼が得られる面談の進め方

　ハラスメント対応では、相談窓口担当者が初動を間違えると、相談者に失望感や不信感を与えて、問題がどんどん大きくなっていきます。こじれてしまってからでは、だれが対応してもうまくいかず、最終的には裁判でジャッジしてもらうしかありません。問題をこじらせないためには、初動で信頼関係をつくれるか、そこにかかっています。

　そこで以下では、面談を進めるにあたっての具体的手順と、相談効果を高める工夫を紹介します。

［具体的手順］

1 あたたかみのある対応で相手との壁を下げていく

　面談の最初の時点では、相談者との信頼関係はまだできていません。信頼関係をつくっていくには、最初の言葉が重要です。

- ◆「お待ちしていました」
- ◆「お忙しい中、時間をつくっていただきありがとうございます。しっかりお話をうかがわせていただきます」
- ◆「お話をうかがい、一緒に問題を解決していきたいと思います」

などの言葉をかけて、相談員は自分の立場や役割を含めて自己紹介をしてから面談に入ります。

　相談者は、話を小出しにしながら相談員の様子をうかがい、「この人なら信用してもいいな」と思ったときに、本当のことを言い始めます。最初に信用してもらえないと、最後まで本当のことは言ってもらえません。信頼関係づくりが一番大切な理由がここにあるのです。

　冷静さを強調するためと考えた過度に事務的な対応は相手の心の中に壁をつくってしまうことが多く、失敗につながりかねません。

　カウンセリングと違い、会社の相談窓口でのオフィシャルなヒアリン

グですから、ある程度事務的になることはやむをえませんが、できる限り、以前から知り合いであるようなあたたかみのある対応を心がけます。

2 守秘義務の説明をする

　会社のヒアリングでは、話の内容を確認するためにメモを取る必要があります。メモを取らせてもらうことの許諾を得たうえで、必ず秘密の保持を約束します。

　「この人に言っても、だれかに伝わることはない。秘密は絶対に守ってもらえる」という安心感を持てたときに、相談者は初めて重要なことを話してくれます。

　パワハラ相談の場合は、相談者は行為者とされる人（主に上司）に伝わることを恐れていることが少なくありません。「会社に内緒で相談したい」と社外相談窓口に相談が持ち込まれるケースもあれば、社内相談窓口に匿名の投書が届くケースもあります。そのくらい行為者とされる人に知られることを恐れていますので、秘密は絶対に守ってください。

　パワハラ相談があると、一般的には第三者へのヒアリングも行ないますが、第三者へのヒアリングでも注意は欠かせません。

　第三者へのヒアリングを通じて、行為者とされる人に情報が伝わってしまったという例がありましたが、これでは、相談者の秘密が守られたことにはなりません。第三者にヒアリングをする場合も、可能であれば相談者本人の名前を伏せた状態にし、それが無理であれば、一連の対応が終了するまで外部に漏らさないことを、ヒアリングをした第三者に約束してもらいます。

　行為者とされる人からのヒアリングを行なう場合も、必ず相談者に「相手の人からのヒアリングをしていいですか」と確認してください。そして、「まだ相手には話を聞かないでください」と言われた場合は、当面は相談者との面談を続け、状況を見計らって、行為者とされる人にヒアリングすることの重要性を話し合い、了解をもらう方向に進めていきます。

相談員を「この人なら信用できる」と思ってもらえれば、行為者とされる人へのヒアリングを受け入れてもらえる可能性が高くなります。

3 相手の話をなぞる、適度のレビューをする

相談を受ける際は、相談者の話を単なるオウム返しをするのではなく、なぞるように、適度にレビュー（要約）をします。そうすることで相談者は、「話をしっかりと聴いてもらっている」という実感を持ちやすくなります。たとえば、

「顧客とのむずかしい交渉の仕事でやりがいもあり勉強にもなったけれど、暴言を受けたショックで睡眠がとれなくなってメンタル系の病院に行くことになりました」

という話があったときには、

「仕事に自ら取り組んできたけれど、暴言を受けたショックが大きかったのですね。それで、睡眠に影響してメンタル系の病院に行くことになったのですね」

などと言葉だけではなく、ショックをなぞるように返します。そうすると、相談者は自分の話を受けとめてもらえたと感じられるのです。

4 メモを取ることで安心感を与える

相談時に相談員が話を聴きながらメモを取ることは、「受けとめてもらっている」「しっかり聴いてもらっている」という安心感を相談者に与えるなど、一定の効果が認められています。

また、メモを取りながら相談者の話をなぞるように聴くと、相談者は話を続けやすくなります。ちなみに、カウンセラーは、心を込めて傾聴するという意味で、単に音として「聞く」のでなく、気持ちまで聞き取る「聴く」という文字をよく使います。

5 声のトーンを共鳴させる

声のトーンを共鳴させると、相談者と相談員の気持ちが共鳴しやすくなり、お互いの距離を近づけることもできます。

人間は、楽しいことを話すときには声のトーンが高くなり、辛いこと、

苦しいことを話すときには声のトーンが低くなる傾向があります。ハラスメント相談では、これまで話せなかったことを打ち明ける場合がほとんどですから、相談者の声のトーンは低くなる傾向があります。

その低いトーンに合わせるように、相談員も声のトーンを少し低く抑えると、相談者は無意識のうちに、「自分の気持ちを受けとめてもらっている」と感じるようになります。

６ 相づちを打つ

話を受けとめていることを示すために、相づちを打ちます。適度に相づちを打つと、相談者は「話を聴いてもらっている」という実感を持つことができ、話がしやすくなります。

相談員の中には、相づちは相手の言い分を肯定したことと受けとめられないか心配になる人がいるかもしれませんが、タイミングをとらえてほどよく相づちを打つことは、日常の会話の中でも行なわれていることですから、それほど心配する必要はありません。

７ 相談者の体調を確認する

ハラスメントは、それを受けた者の心理を追い込むだけでなく、不眠を生み出すなど体調面にも影響を及ぼします。相談者の中には体調を崩している人がいますから、体調についても必ず確認します。

◆「体調は、いかがですか」

◆「眠れないというようなことは、ありませんか」

などと話しかけ、状況によっては産業医につなぐことも検討してください。体調不良を訴えている場合は、医療機関にかかっているかどうかも確認します。

体調面の支援に関しては、産業医とよく相談して対応します。

８ 過重労働について確認する

最近は、パワハラと過重労働が重なっているケースが増えています。違法な長時間労働を放置していると、会社も法的な処分を受けることになりますから、労働時間を確認することも欠かせません。

上司が上限を超えた長時間労働を容認している、放置している、あるいは、長時間労働を強いている場合もあります。

　長時間労働とハラスメントが重なると心身ともに疲弊し、休職寸前の状態に追い込まれているはずです。状況をよく確認し、緊急性などを判断してください。

9 要望を聴き取る

　相談においては、相談者の要望を聴いておくことも大切です。要望どおりの対応ができるとは限りませんが、ハラスメントの事実が明らかになった場合には、可能な限り要望を尊重します。

　ただし、はじめから要望を言ってくれるとは限りません。相談者本人にとって、何が望みなのか自分でもまだ整理しきれていないこともあります。相談を続ける中で、信用してもらえるようになれば、要望も出てくるようになります。

　一方、はじめから「上司を異動させてください」などの要求をしてくる人もいます。そのときは、「要望をお聴きしました」とだけ伝えます。

10 先の見通しを伝える

　相談を続ける中で相談者が何を望んでいるかを確認したら、「いまのところの私の考えでは、問題の解決策をこのように考えています」と相談員から提案します。少し先の見通しをわかる範囲で伝えることは、相手に希望を持ってもらうことにつながります。ただし、安易な約束や断定を避けるのはいうまでもありません。

11 言い残したことがないかたずねる

　面談時間は約1時間です。残り5分くらいの時点で、言い残したことはないかをたずねます。そこで重大な話が出てくることもあります。

　一般的にカウンセリングの相談においては、核心となる部分を言うかどうかをずっと躊躇していた相談者が、最後の5分で「実は」と急に話し始めることが少なくありません。そのため、カウンセラーは最後の5分を特に大切にしています。

12 時間がきたら、次回の約束をする

1回の相談では、相談者は話しきれないことがあります。特に、精神的ショックが大きい場合は、相談がなかなか進まないことがむしろ普通です。そういう場合には、相談の回数をできるだけ多く持つか、精神的ショックに対応できる専門家を紹介するようにします。

なお、初動の相談では、相談の終わりには何らかの方向性を示して、それを相手に告げます。そのうえで、次回の約束をしてください。

次回の約束は、相談者との関係を継続できることを意味しますので、相談者からある程度の信用を得られたことになります。また、次回の約束をすることによって、相談者に「この問題は放置されない」という安心感を持ってもらえることにつながります。

［相談効果を高める工夫］

1 沈黙時には少し待つ

沈黙が続いても、すぐに質問をしたりせず、少し待ってみます。相談者は、自分の頭の中でそれまでの話を整理して、次に話すことをまとめている状態です。途中で口を挟んでしまうと、相談者は自分の言いたいことがうまく言えなくなります。

重要なことや本音を話す前にも沈黙が起こります。しばらく沈黙が続いたあとに語った言葉には、本音が出ていることが多いものです。

あまりにも長い時間、沈黙が続くようであれば、これまでの話を要約して、「いままでお聴きしたことは、こういうことでよろしいですか」とたずねてみましょう。あるいは、沈黙の間は、相談者の態度、様子などをじっくりと観察してもいいでしょう。相談者の無意識のニーズや緊急度を知るには、こちら（相談員）が余計な言葉を入れるよりも、観察するほうが効果的だからです。

2 「共感」で相手の気持ちをくむ

共感とは、相手の立場に立って相手の気持ちを想像することです。精

神科医の土居健郎氏が、「相手の気持ちをくむことは、だれでも知らず知らずに相手のことを理解しようとするときに行なっているものだ」（『方法としての面接』）と書いているように、共感は人間関係や信頼関係をつくるときに重要なものです。

　カウンセリングでは、「共感的態度」「共感的理解」はとても大切な要素と考えられています。共感がうまくいくと、相手は「ああ、この人に、わかってもらえた」と思い、気持ちが落ち着きます。相談者の気持ちを軽くできたら、その後の窓口の対応は非常にスムーズに進むようになります。

　相談窓口担当者は、相談者の立場に身をおきながらも安易な早わかりをしないようにして、不安感、恐怖感、絶望感、孤立感、悔しさ、わだかまりなどの気持ちが自分に伝わってくるようにして、しっかり受けとめましょう。

　パワハラを受けてメンタルクリニックに通う人は、適応障害と診断されることが少なくありません。適応障害とは、ストレス因により引き起こされた情緒面や行動面の症状で、社会的機能が著しく障害された状態をいいます。発症はストレス性の出来事が生じて1ヵ月以内と考えられています。ストレス因を取り除けば、適応障害は改善の方向に進んでいきますが、ストレス因が放置されるとさらに深刻な状態になりますので、パワハラの対応に時間をかけることは避けなければなりません。初動対応は出来事の発生から2～3ヵ月以内に終えることが何よりも重要です。

　一般的には、相談者には次のような感情が起きています。
◆悔しくてたまらない
◆怒りが収まらない
◆「報復してやりたい」と思う
◆やる気が起こらない
◆気分が落ち込んで回復しない
◆無力感が強くなる

◆絶望感でいっぱいになる

◆「もうどうにもならない」と思う

◆場合によっては「死にたい」と思う

　自分がこの人の立場だったら、どう感じるだろうかと、相談者の立場に立って、その感情を想像してみてください。

３ 話を聴く前から結論（予断）を持たない

　話を聴く場合には、結論（予断）を持たないことが重要です。相談件数を重ねると、相談者の話に対して、「こういう相談だな」「これはマタハラだな」と安易に結論づけてしまいがちです。

　同じような事案であっても、被害者のパーソナリティ、行為者のパーソナリティ、仕事内容、おかれた状況などによって、違った性格を帯びています。マタハラの相談に思えても、話をよく聴いていくと、パワハラの要素が大きいとか、セクハラが関係しているということもありますので、結論を急がずに最後までじっくりと話を聴く必要があります。

４ 相手のペースで話を聴く

　相談を受ける場合は、相談者のペースに合わせて、話を聴きます。

　短い時間でヒアリングをしなければいけないため、相談員のペースで相談を進めようとしてしまいがちですが、事務的に話を聞くような対応には、相談者は事情聴取を受けているような気持ちになり、「ここで話してもダメだ。何も聞いてもらえないだろう」と心を閉ざしてしまうことがあります。

　他人に自分の悩みを打ち明ける（聴いてもらう）のは、考えている以上にむずかしいことですから、先を急がず、結論を急がずに、相談者のペースに合わせて話を聴いてください。

　ハラスメントへの対応を急ぐことと、急いで話を聞くことはまったく異なります。話は相手のペースでゆっくりと聴き、話を聴き終わってからの社内での対応は早急にする、という点を取り違えないようにしましょう。

また、以下にあげる項目は、必ず確認してください。

◆当事者（被害者および行為者とされる社員）間の関係

◆問題とされる言動が、いつ、どこで、どのように行なわれたか

◆相談者は、行為者に対してどのような対応をとったか

◆上司や監督者には相談をしているか（当事者のみが知りうるものか、他に目撃者はいるのか）

5 視野を広げてもらえる支援をする

相談においては、特定の問題を解決するだけでなく、視野を広げるような支援をすることも大切です。

たとえば、マタハラの相談者に対しては、マタハラの問題を解決するだけでなく、解決したあとに、相談者がワーク・ライフ・バランスを保ちながら、会社で生き生きと仕事を続けている姿を描けるように支援します。

マタハラの問題が解決しても、「子育てをしながらこの会社で働いていける見通しが立たない」のでは、本当の問題解決になっているとはいえません。

相談者は、いまの状態が苦しいので「この問題さえ解決すればいい」という視点に陥りがちですが、物事を複数の方向から見られるようにもっていくことができれば、理想的です。

ハラスメントのヒアリングとカウンセリングでは、目的が違います。カウンセリングでは、当面の問題を支援することを通じて、個人の自立性を育み、自分自身で未来像を描けるようになってもらえるような支援をしていくことを目標にしています。そのような視点も、相談を続ける中で取り入れられると好ましいでしょう。

6 相談者（相手）を理解することに努める

ヒアリングにおいては、事実確認さえできればいいと考えがちですが、相手をもう一歩踏み込んで理解しようという姿勢がなければ、有効な支援はできません。

一人ひとりの持つ重み、そのかけがえのなさを十分認識して相談にあたることが大切です。それには、自分の先入観や価値観や希望を押しつけるようなことは避けなければなりません。

　相談時間は、あくまでも「相手の時間」という認識が必要です。

７　相談者の気持ちが楽になれば、大きな効果と考えられる

　相談を続けていると、相談者から、次のような言葉が出てくることがあります。

◆話したら気持ちが楽になった

◆自分の言ったことを信じてもらえてよかった

◆自分の問題を受けとめてもらえた

　こういう発言があるだけでも、相談は十分に効果があったといえます。相談員にとっては、上記の言葉を聞けたら、初動はうまくいっていると考えてよいでしょう。

８　相手の意向や相談方法に応じて接し方を変える

【匿名希望者への対応】

　匿名を希望している相談者には、問題解決のために名前を聞かせてもらえるかを確認してください。会社としては、法令に基づいた対応をしなければなりません。匿名ではその責任を果たせないことがあるからです。

　相談を進めながら相談者の信用を得ていき、匿名ではなく名前を教えてもらえるようにしていきます。無理に聞き出すことはできませんので、相談者との関係づくりが大事です。

　名前を告げられ、「対応をお願いしたい」という意向が示された場合には、責任を持って対応します。

【電話相談での対応】

　電話相談の場合は、かけ手（相手）が心理的活力（元気）を回復できるように傾聴を主とします。かけ手の間合い、ためらい、話題の変更などを察し、話しにくい内容などを聴き取ります。

電話では、こちら（相談員）がうなずいている姿を相手に見てもらうことはできません。相談者の話をしっかりと受けとめていることを伝えるために、たとえば「そういうことなんですね」とはっきりと声に出して伝えましょう。

　こちらの気持ちを率直に伝えて、かけ手の気持ちを引き出すことも有効です。「こういう問題で悩む人は、多いですよ」などと伝えて、安心感を持ってもらう工夫をすることも大切です。

　かけ手のため込んでいる感情を少しでも解放してもらうことができれば、初動は、うまくいっていると思っていいでしょう。

　なお、遠方から電話をかけてきているのでなければ、面談による相談を提案してみましょう。

【電子メールによる相談への対応】

　メール相談は、電話相談よりもさらにむずかしい面があります。メールでは非言語的メッセージ（表情、口調、態度、間など）を読み取ることが困難だからです。そのため、相手との信頼関係をつくるためには、丁寧で明確な表現で返事をすることが大切です。

　なおメールでは、はじめから踏み込んだ内容が記述されていることが少なくありません。非対面のため自己開示しやすいのだと思われますが、感情を過度に表出しているケースもあります。

　メール相談はむずかしいという認識を持ち、できれば面談や電話による相談を勧めましょう。

　また、問題がこじれて裁判になった場合はメールの返事が証拠に使われることもありますので、慎重な対応が必要になります。

6 相談者と相談窓口との関係が
こじれる原因を知る

　関係がこじれる原因でもっとも多いのが、相談窓口担当者が相談者の感情を受けとめ損ねていることだと筆者は感じています。ハラスメントを受けて自尊心を踏みにじられ、無念さや情けなさを訴えているにもかかわらず、相談窓口担当者が軽く扱い、相談者の傷をさらに深めていることはないでしょうか。相談担当者が、地位の高いパワハラ行為者の価値観に賛同し、「これくらいのことを大げさに騒ぐなんて！　仕方ないから一応話を聞くけれど」という態度をとるなら、それは相手に伝わります。そのような相談窓口担当者を目のあたりにしたら、自殺を考える相談者がいないとも限りません。会社のトップ層に直接訴える人もいます。外部の公的機関に訴える人も出てきます。

　外部の公的機関から「貴社の社員からハラスメントの訴えがありました」という問い合わせがくることもあります。「そのことは熟知しております」と答えたあとに、相談対応の記録を見直すと、行為者へのヒアリングが抜けているなど、ルールどおりの対応ができていないということもよく見られます。いい加減な対応をされた相談者はさらに厳しく責任を追及し、会社の名前が公表される事態にまでなることもありえます。

　会社の対応に行き届かない点や、相談窓口担当者に不手際があったなら、トップ層やコンプライアンス（懲罰）委員会の責任者があらためて相談者（被害者）に対して説明不足や長く時間がかかって苦しめたことを謝罪するしかありません。しかるべき責任者が出てきて謝罪をしたなら、会社はやるべきことをやってくれたと責任追及の矛先を収める相談者（被害者）は少なくありません。本心から納得したというよりも、もうここまでと自分を納得させて、早く仕事に専念したいと願っている気持からそうさせるのだと思います。

第3章

相談シナリオで学ぶ
ヒアリングの成功と失敗

ハラスメントの相談を受けるときは、どういう話の聴き方をしたらよいのか。解決に至った実例とうまくいかなかった実例から対応の違いを確認してみましょう。

被害者ヒアリングと行為者ヒアリング

　営業所で働く2年目の女性営業社員は所長からつきまとわれています。「あなたと一緒にいると癒やされる」と言われ、帰りは家まで送るからと、ついてきます。「家に上げろ」と言われ断わったところ、抱きつかれました。

　所長は仕事のできる人で、女性はマンツーマンで指導を受けています。また会社の内規で、作業は1対1で行ない、出張は2人で行くよう決められています。

　あるとき、先輩の男性営業社員に仕事を教えてもらっていたら、所長の機嫌が悪くなり「他の人間の指導を受けるな」と言われました。「お前の評価を良くしているのだからセクハラとかパワハラとか言うなよ。そんなこと言って困るのはお前だから」と強く言われました。

　女性は所長に指導を受けているので迷ったものの、所長の言動に従っているのはもう耐えられないと社内相談窓口に訴えました。

成功例　被害者ヒアリング

窓口　私は相談窓口の□□です。相談することで不利益な取り扱いを受けることはありません。秘密の保持には十分気をつけます。その後の対応もご本人の意向をお聴きしながら行なってまいります。

女性　わかりました。今回相談するまでには本当に迷いました。入社してすぐに配属になった営業所は私の実家からは遠く離れていて近くには友だちもいません。職場は男性しかいないので、これまでだれにも話すことができず、自分にも問題があったのではないかと責め続けていました。

窓口　それはどんなにかお困りだったかと思います。しっかりお話をお聴きしますので、どうぞお話を続けてください。

女性　営業所の所長のことですが、仕事のできる人でずっとマンツーマ
　　　ンで仕事を教えてもらい、なんとか営業の仕事ができるようにな
　　　りました。所長とは1対1で作業をしたり、出張も2人で行くよ
　　　うに決められています。本当に感謝していましたが、あるとき、
　　　仕事のことで先輩に教えてもらうことがありました。そのときに
　　　所長の機嫌が悪くなって「あんな人間の指導を受けるな」と言わ
　　　れました。ちょっとでも他の営業社員と親しくしていると邪魔さ
　　　れることもあって、何か嫉妬されているようで気になりました。
　　　営業車に乗っているときにお尻や胸をそれとなく触られるという
　　　こともありましたが、気にしないようにしていました。でも先日、
　　　「あなたと一緒にいると癒やされる」と言われて、帰りに私の家
　　　まで送るからとついてきて「家に上げろ」と言われました。「そ
　　　れはできません」と断わりましたが、そうしたら抱きついてきま
　　　した。そのとき何をされたかは、いまは言いたくありません。

窓口　言いたくないことは話さないほうがいいのです。

女性　家に入れたら、これ以上何をされるかわからないと思って必死に
　　　なって家に入れませんでした。それからは、家にいつ来るかと不
　　　安になるし、営業所で2人きりになると何をされるかと震えが止
　　　まりません。上司とうまくやることは仕事上必要ですが、それが
　　　できなくなりました。

窓口　そうですよね。この状況で、うまくやるのはむずかしいですよね。

女性　そうしたら所長から、「お前の評価を良くしてやっているのだか
　　　らセクハラとかパワハラとか言うな。そんなことを言うと困る
　　　のはお前だから」と脅されました。このことを母に電話で話した
　　　ら「会社を辞めてすぐに帰ってきなさい」と言われました。自分
　　　も会社を辞めるしかないと思いましたが、まずは相談窓口に相談
　　　してみてからと考えました。

窓口　よく話してくださいました。このあとの対応については、あなた

と相談しながらやっていきたいと思います。まずは、事実関係を確認するため、所長からも話を聴くことになりますが、よろしいですか？

女性 それによって仕返しされる心配はないでしょうか？

窓口 ハラスメントの相談をしたことで不利益となることは法律で禁じられていますので、所長から何らかの報復をされるようなことは、けっしてないように進めていきます。

女性 安心しました。よろしくお願いします。

成功例 行為者ヒアリング

相談窓口では、所長に対して部下の件で話をうかがいたい旨の電子メールを送り、所長に相談窓口まできてもらいました。

窓口 ○○所長、お忙しい中をおいでいただきありがとうございます。私は相談担当の□□です。

所長 △△からセクハラで訴えられたからですね。それで呼び出されるのがわかったときからよく眠れていません。家族にもこんなことは話せません。何よりショックなのは彼女からそういうふうに受け取られていたということです。

窓口 まだセクハラとか、そういったことは決まっておりません。今回は事実確認のためにお話をうかがいたいと思います。ご自分では彼女が所長への対応で悩んでいるとは気がつきませんでしたか？

所長 気がつきませんでした。

窓口 △△さんは、所長から触られたりしたと言っていますが…。

所長 久しぶりに若い女性が配属されたので、はじめはしっかり育てようと思っていました。彼女はよく気がつく女性で、「所長の指導のおかげで営業がわかってきました」などと言われて好意を持たれていると思うようになりました。だんだん恋愛のような気持ちになっていたのかもしれません。

窓口　△△さんとしては、所長は仕事上の先輩として尊敬し感謝もしていたのが、上司と部下の関係より男と女の関係を求められ深刻に悩み、会社を辞めようかと考えたと言っています。

所長　彼女を悩ませたことは申し訳なかったと思います。でも自分としてはある程度まででそれ以上のことはやっていません。常識を踏み外さないという自覚はありました。

窓口　彼女の家にまで行って中に入ろうとして断わられたので抱きついたと△△さんは言っていますが、それについてはどうですか？それ以上は何かしたことはありませんでしたか？

所長　彼女の家まで行ったけれど、中に入ることは断わられたのですぐに帰りました。そのときに抱きついたと彼女が言うなら、そのとおりだと思います。

窓口　そのことで、あとで謝るとか、そういうことはしましたか？

所長　していません。

窓口　仕事上では他の先輩に質問していたら所長から強く叱られたと言っています。

所長　所長としての仕事の合間の時間は、ほとんど彼女の指導にあててきました。彼女を育てようと思っていましたので、仕事のことを他の人間に相談するなら自分に相談してほしいと思いました。

窓口　この場はヒアリングで事実確認をするのが目的です。所長から話をお聴きして、セクハラやパワハラに当たるかの判断については、本日うかがったことを持ち帰って関係者で検討します。場合によってはまたヒアリングをさせていただくかもしれません。結果が出るまでこのことを話題にするなど△△さんと仕事以外で接触すると報復ととられることもありますので、絶対にしないことを約束してください。

窓口 私は相談窓口の□□です。営業所の所長からセクハラやパワハラを受けたんですって？　その所長のことを私はよく知っています。営業成績を上げている優秀な所長という評判です。

女性 今回相談するまでに本当に迷いました。職場は男性しかいないのでこれまでだれにも話せませんでした。こんなことになったのは自分にも問題があったのではないかと責め続けていました。

窓口 自分にも落ち度があったと思うのですね？

女性 所長からマンツーマンで仕事を教えてもらって、なんとか営業の仕事ができるようになり感謝していましたが、他の営業社員から仕事を教わろうとすると邪魔されるのです。何か男女の関係で嫉妬されているようで気になりました。営業社員も私には近づかなくなりました。

窓口 所長には感謝していたのですね。何か特別にひいきされているような感じもあったんですね？

女性 そういうことはまだ我慢できるのですが、営業車内でお尻や胸を触られたりしました。家まで送ってもらったときには家に上げろと言われて断わったら抱きつかれました。それから何をされたかは思い出すのも嫌です。

窓口 所長から何をされたかをきちんと言ってもらわないとわかりません。

女性 キスをされたんです。恋人でもない人からそんなことをされたくなかったです。（泣きながら）

窓口 1回だけですよね？　家に入れなかったのはよかったです。

女性 それから所長の足音を聞くだけで嫌悪感を感じます。営業所に2人だけになると何をされるかと思って口もきけなくなりました。

窓口 それ以後は何もないわけでしょう。ちょっと大げさな感じですね。

女性 その後、所長からは「セクハラとかパワハラとか言うなよ。お前

の評価を良くしてやっているんだから。お前が困るんだよ」と言われました。このことを母に電話で話したら「会社を辞めてすぐにここに帰ってくるか、会社にはそういうことを相談する場所があるはずだから辞める前に相談しなさい」と説得されました。

窓口　話の内容はわかりました。このあとに所長からも話を聴き、そのうえで会社の対応をお知らせします。ただセクハラ行為があったと判断されても、所長は優秀で仕事ができるため異動させるわけにはいかないかもしれません。その場合は、あなたが異動するしかないと思いますよ。

女性　そうですか。いくら相談しても会社のほうが大事だということがよくわかりました。それなら私は会社を辞めます。そうしてから母と相談して外部の相談窓口にあらためて相談したいと思います。

失敗例　行為者ヒアリング

窓口　私は相談担当の□□です。所長、こちらに呼び出された理由はわかっていますね？

所長　△△からセクハラで訴えられたからですね。それで呼び出されたのがわかってショックでした。この１週間、夜中に何度も目が覚めました。私はセクハラなんてやっていません。彼女はなんと言っているんですか？

窓口　所長、何もやっていないなんてことはないでしょう。彼女は営業車内で身体を触られたり、家まで送ってきて家に入れることを断わったら入口で抱きつかれてキスまでされたと言っています。

所長　久しぶりに若い女性が配属されたので大事に育てようと思いました。彼女は「所長のおかげで何もわからなかった自分がなんとかやれるようになりました」といつも言っていました。営業の帰りに食事をごちそうすると笑顔でお礼を言われました。だんだん恋愛のような気持ちになっていました。自分がやったことを彼女が

そう言っているのならそのとおりと認めますが、常識までは踏み外していません。

窓口 仕事上で先輩と話しているだけで所長から叱られたというのはどうですか？　彼女は職場で孤立してしまって精神的にショックを受けたと言っています。

所長 彼女を自分が責任を持って育てようと思っていたので、彼女を孤立させようとまでは思っていませんでした。

窓口 業務の範囲は超えていないんですね？

所長 彼女がそんなふうに受け取っているとは思いませんでした。

窓口 事実確認として、いままでの話を聴いていますと、パワハラは認められませんがセクハラ行為はあったと認めますね。彼女は会社を辞めると言っているんです。それから外部にこの問題を訴えるとも言っています。そんなことになったら社名がマスコミに出るかもしれません。所長も家庭を持っていてこんなことで会社をクビになったらどうするんですか？　この先、所長と彼女の関係がもっと険悪になったら大変なので、結論が出るまでしばらく会社を休んでください。

ポイント　最初のヒアリングでは判断を急がない

　ハラスメントは、当事者一方の話を聴くだけでは状況を把握できません。そのためヒアリングを、判断を急がずに中立の立場で当事者双方から行なう必要があります。

　このケースでは、所長は部下の女性社員に対するセクハラの行為者と判断されましたが、パワハラ行為については第三者にも話を聴くことが必要になりました。所長は実績を上げており、仕事に対する自信も満々で、パワハラについては一切認めませんでした。周囲の同僚社員からのヒアリングにおいて、パワハラの事実を示す証言も出てきましたが、最終的にパワハラかどうかの判断には時間がかかりそうな状況でした。

被害者の女性社員がまずセクハラ行為をやめてもらうことを望んでいたため、相談窓口としてはセクハラの判断を優先しました。

　パワハラについては当事者の主張が異なり、むずかしい判断となることが多く見られます。周囲がある程度証言している場合、本人が「そのような意図はない」と主張したとしても、今後も繰り返される可能性があります。そこで、ヒアリングを続けたあとに、「今回はパワハラとの判断はされませんでしたが、今後同じようなことを繰り返したら厳しい対応になる可能性があります」と人事責任者から伝えることが必要です。

　なお実際の相談例では、会社は相談窓口からの報告を受けてセクハラ行為と認定した場合には、行為者に対しては社内規定に準じて明確な対応を取ります。

　成功したヒアリングと失敗したヒアリングを並べましたので、両者の違いが浮き彫りになったと思います。

　相談窓口は、ヒアリングでは結論を出さない、急がないことに特に注意してください。被害者は、ハラスメントとして訴えるかどうか（どちらの方向にいくとも）決めかねています。その被害者の気持ちを受けとめ、行為者とされている人のプライドをも最大限に尊重して、両者の話をしっかりと聴いてください。

相談室での行為者ヒアリング

　入社7年目に当たる女性社員は2年前に現在の職場に異動してきました。当時、初めての仕事であるのに必要な指導もされず、質問をするたびに女性課長から「新入社員レベルだ」などと強く叱責されて眠れなくなることもありました。それでも勤務は続けてきましたが、叱責に耐えられなくなり、病院に行ったところうつ病と診断されて、もうこの課長の下では働けないと相談窓口に訴えました。

成功例　**被害者ヒアリング**

窓口　私は相談窓口の□□です。しっかりお話をうかがわせていただきます。相談された内容は、秘密事項として保持いたします。ご了解を得られない限り口外しないことをお約束します。

女性　上司（課長）のことをお話ししたいです。よろしくお願いいたします。

窓口　わかりました。どうぞお話しください。

女性　私は以前の職場で5年間働いて、2年前にいまの職場に異動して課長の部下になりました。以前から、課長はマネジャーとして仕事ができる人だという評判で、自分は異動が決まったときに、そういう上司の下で働いてキャリアアップができると思っていました。

窓口　課長の下で働くことを望んで異動したのですね。

女性　はい。それが、初めての仕事に就いて、仕事の指導をしてもらえると思っていたら、わからないことを聞くと、課長は「バカ、アホ！　なんでそんなことがわからないの、新入社員に教えるレベル！」と怒鳴られました。他のスタッフに教えてもらって、なんとか乗り切りましたが、課長は部下の話を聞かず、自分の意見を押しつけるので、課長のターゲットにならないようにまわりが気をつけていると感じました。その後も課長からは成果を強く求め

られ、報告が遅れると厳しく理由を問い詰められました。課長の顔を見るだけで、何か言われると思い身体がこわばるようになり、なるべく話をしないようにしていました。今回、外部のプレゼンの下準備が足りないことを指摘されていましたが、その理由を報告すると「そんなの理由になっていない！」と強く叱責されました。メンタルクリニックに行ったら、うつ病と診断されました。これまで同僚でうつ病になった人がなかなか治らない姿を見ていましたので、自分もそうなるのかとショックを受けました。この課長の下ではもう働けないと思って相談しました。ここにくる前にチームリーダーには話をしましたが、「上司と合わないなんて言っていたら仕事はできない」と言われてしまいました。

窓口 課長から強く追い詰められて、うつ病と診断されるまで体調を壊した、ということをうかがいました。大変辛い思いをされたのですね。この件で、私が課長と話してみてもいいですか？　課長には、あなたが窓口に相談したことはお話ししますが、そのことによって課長があなたに報復したと思われるようなことはしないこと、そして仕事以外でのお話をしないように約束してもらいます。

女性 お任せいたします。

失敗例 ｜ **行為者ヒアリング**

【電話で】

窓口 ○○課長、あなたの部下の問題でお話を聴きたいので相談室までおいでいただきたい。

課長 えっ、何かあったのですか？

窓口 ここでは言えません。とにかくお会いしてからお話しします。

課長 うかがいます。

【相談室での初回ヒアリング】

窓口 課長、何かここに呼ばれる心当たりはありますか？

課長　それってどういうことですか？

窓口　あなたの部下が、課長からパワハラを受けたと訴えてきた件です。

課長　えっ、それは本当ですか？　その部下はだれですか？

窓口　△△さんです。課長から追いつめられたうえにバカ、アホとまで言われて眠れなくなって、メンタルクリニックに行ったらうつ病と診断されて療養休暇が必要になった、と訴えてきました。○○課長がそんなことをするなんてこちらも驚きました。

課長　バカ、アホなんて、そんな言葉を言った覚えはありません。プレゼンの下準備が足りないことを何度言っても直そうとしないので注意をした覚えはありますが…。

窓口　言った覚えはないと言われましたが、関係者に聞いたところ何人もの人がそういう言葉を聞いたと言っているんですよ。課長は特定の人を攻撃するような態度をとっているとも言っています。

課長　関係者から聞いたって、だれに聞いたんですか？

窓口　第三者への事実確認はしましたが名前は言えません。暴言以外にわかったことは、成果を強く求められて報告が遅れると厳しく理由を問いつめられ、それに答えると「そんな理由じゃないでしょ！」と否定されて何も言えなくなると言っています。部下が課長のせいでメンタルに影響が出ていることにまったく気づいていないのですか？

課長　外部に影響のある仕事なので厳しく注意をした記憶はあります。部下指導を一生懸命やったらパワハラと言われるんですか？　これまで会社に入ってから出会った複数の上司のやり方と比較しても、私のやり方がそこまでひどいとは考えられません。訴えられるなんて思いませんでした。

窓口　課長はマネジャーとしてパワハラの研修を受けましたよね？　指導というけど部下が病気になるまで追いつめたのは問題ですよ。部下に暴言を繰り返し吐いたことは認めますよね？　これから持

ち帰ってどうジャッジしたかを後日お伝えします。今日は、これで終わりにします。

課長　私に至らない点や反省すべきことがあったとは思いますが、こんな矢継ぎ早に一方的に私の非を言われたことはショックです。窓口からこれほどまでの非難をされるのですか？（号泣する）

【相談室での2回目のヒアリング】

窓口　職場の状況を調べました。業務がフル回転で残業が多かった中で課長が板ばさみになることがあったようですね。部下の話を聞かずに自分の意見を押しつけるようなやり方をせざるをえなかったということで、今回はパワハラとは認定されませんでした。同じことを繰り返さないようにお願いします。なお申し立て者にはこの対応を伝えましたが、課長との接点は外してほしいと言っていますので、他の課長の下で仕事をするように対応します。

ポイント	「行為者」にもたらすヒアリングの影響を認識する

　○○課長はヒアリングを受けたことで大変な屈辱を受けたと感じ、一生懸命にやらなければよかったのかと悩んでメンタルクリニックに行くようになりました。

　相談窓口担当者は、「職場の状況からパワハラとは判断しませんでしたから、人事の記録にも残らないことをよかったと思ってください」と伝えました。課長は、この言葉が「今回の対応をありがたく思いなさい」という趣旨に聞こえました。

　課長はその後、休みがちになりました。ハラスメントで訴えられてヒアリングを受けることが、いかに深刻な心理状態になるかを相談窓口担当者は十分に認識して丁寧に対応する必要があります。

　このケースはどのように対応すればよかったのでしょうか。以下は、改善例です。

【電話で】

窓口　○○課長、部下からの悩みの相談がきていますのでお伝えしたいと思います。お忙しい中を申し訳ありませんが、相談室までおいでいただけますか？

課長　えっ、私の部下からですか？　どういうことですか？

窓口　突然の話で驚かれたと思いますが、お会いしてから詳しくお話しさせていただきます。

課長　わかりました。

【相談室での初回ヒアリング】

窓口　私は担当の□□と申します。今回お越しいただいた理由ですが、○○課長の部下が、「課長の指示で追いつめられてうつ病になった、パワハラを受けた」と訴えています。ただし、一方からの話だけですから、パワハラと決まったわけではありません。こういう問題の対応としては、双方にお話をうかがうしか方法がありません。この時間はあくまでもヒアリングであり、事実確認をさせていただくことになります。どうかご協力をお願いします。

課長　うつ病になった部下って誰ですか？　私の指示が原因と言っているんですか？

窓口　△△さんです。課長からバカ、アホなどとも言われて眠れなくなったと言っています。

課長　△△さんからそんなことを訴えられるとは思いませんでした。バカ、アホなんて言っていません。大変なショックです。

窓口　バカ、アホは課長の口癖だと△△さんは言っています。それ以外にも△△さんは、プレゼンの下準備が足りなかったことで「理由は何？」と追及されて答えると、「そんな理由じゃないよね」と注意されて精神的ダメージが大きくなったと言っています。

課長　いま、職場は年度末ということもあっておびただしいストレスが

かかっています。それで部下の話を聞かずに自分の意見を押しつけたこともあったことは認めます。しかし、すべて業務上必要があってのことです。私が一生懸命に部下の指導をしたことがパワハラと言われるなら一生懸命やらなければよかったんですか？

窓口　職場環境が大変だったのですね。はじめに申しましたように、ヒアリングはあくまでも事実確認のためで、この結果を持ち帰って関係者と検討し、あらためてご報告をさせていただきます。よろしいでしょうか？

課長　再度呼ばれるのは心外な気持ちですが、私も結果を聞きたいのでよろしくお願いします。

【相談室での2回目のヒアリング】

窓口　今回検討した結果、会社としてはこれまで対応した前例から見ても、パワハラとは認められませんでした。ご協力をありがとうございました。

課長　今回のことは私のメンタルに大変こたえるものでした。感情のコントロールには時間がかかりましたがようやく落ち着きました。以後は気をつけたいと思います。

窓口　今後もお仕事をがんばってください。なお、△△さんの復職後のことについては、本人の意向を確かめてから再度検討することになると思います。今後もどうぞよろしくお願いいたします。

ポイント　**結果と経緯は責任者がきちんと報告する**

　この例では、窓口担当者が「認定されなかった」という結論を直接に伝えていますが、本来は人事部門またはコンプライアンス（懲罰）委員会の責任者が、行為者、被害者、関係者に報告すべきです。また、部下のメンタルを傷つけたという点では、マネジャーとして不適切であったと明確に伝えたほうがいいでしょう。被害者も、課長との接点を外されただけでは中途半端で、自分が訴えた結果を知りたいと思います。ヒア

リングした関係者（第三者）にも報告が必要です。パワハラと認められなくても、被害者が納得できる報告をしかるべき責任者がして初めて相談が終わると考えてください。

コラム 2　部下からのパワハラ

　「『私は上司なのに部下からパワハラを受けています。みっともないので今までは言えませんでしたが限界です！』といった深刻な訴えが続いていますが、相談窓口ではどう対応したらいいでしょうか？」

　このような質問が相談窓口担当者から寄せられることが増えています。

　ある課長は、上司と部下という関係になってから、それまで良好だった相手が非協力的な態度に変わり、さらに部門のトップや人事部長に「上司は自分の仕事を邪魔しているだけだ。自分のほうが能力がありレベルの高い仕事ができる。こういう人を上司にしたのは問題だ！」とのメールを何度も送りつけるようになったことから、部門の人事担当者に間に入ってもらい部下と話し合いました。しかし部下は一方的に主張するだけで埒が明かなかったため、上司のほうから「至らない点は改善します」と謝りました。それでも関係は改善せず部下はさらに攻撃的になったので、課長は相談窓口に「精神的な攻撃」だと訴えました。

　相談窓口担当者は、通常の手続きに基づいて慎重に上司（被害者）、部下（行為者とされた人）、関係者にヒアリングを行ない、その結果、部下は優秀な業績をあげる一方で、これまでも対人トラブルを繰り返していたことが判明しました。

　最近は、パワハラ行為者とされる人に年齢や職位はあまり関係しないようです。この部下のように、自分が上位にいれば能力を発揮しても、注意や指導を受ける立場になると激しく反発して攻撃的になる人は少なくありません。その場合、当事者だけに関係修復をまかせていては解決するのは困難です。また、上司が謝ったりすると、部下は自分の行為が正当化されたと思い込むので逆効果です。

　会社のコンプライアンス（懲罰）委員会の責任者が、ヒアリング結果を踏まえて本人に注意したり異動させるなど明確な対応が必要です。

社外相談窓口に届いた相談メール対応

社外相談窓口に、次のような相談の電子メールが届きました。

「上司から日常的に『バカ、死ね、クソ、使えない人間だ、こういうこともわからないのか、お前にはむかつくんだ、お前は人間として終わっている、将来のことを家族に相談してこい』と、他の社員のいる前で罵倒されています。

まわりは自分がターゲットにならないために知らないふりをしています。

上司から自分の悪いクセに気づかせてもらっていると言いきかせて仕事をしていましたが、だんだん恐怖の作業に変わっていきました。

同期の社員と比較されて繰り返し罵倒されたときには、立ち直れないかと思うほど落ち込みました。

お客からクレームが金曜にきたのを『来週月曜までに何が問題かを書いて持ってこい』と言われて休日に休めないことも繰り返されました。

人事に、上司からパワハラを受けていると訴えて異動させてほしいと言ったら『まだ、いまの職場にきて間もない。上司から注意されたくらいで落ち込む年齢ではないだろう。病気になったら異動させる』と言われました。帰りに駅のホームの端にずっと立って飛びこもうかと迷いました。」

これを受け取った社外相談窓口は、

「ご相談の内容を受けとめました。お話を詳しくお聴きしたいのでなるべく早くお会いしたい。」

と返信して初回ヒアリングを行ないました。

| 成功例 | 被害者ヒアリング |

窓口 私はカウンセラーの□□と申します。お待ちしておりました。ど

のようなことでもお話しください。ご本人の了解がなければ、お聴きした内容を会社に伝えることもありません。秘密は厳守いたします。

男性　私は現在、初めての単身赴任中です。これまでの職業人生は順調でしたが、いまの職場に異動してからは日々恐怖の中で過ごしています。上司の期待に沿わない人間だったという理由で、他の社員の前で「お前は使えない人間だ、こういうこともわからないのか、バカ、死ね、クソ、お前にはむかつくんだ、お前は人間として終わっている、将来のことを家族に相談してこい」とまで言われています。

窓口　そんな言葉を毎日のように言われているんですか？

男性　上司の期待に沿いたいと思って残業を多くして毎日遅くまで会社にいます。お客からクレームが金曜にきたのを来週月曜までに何が問題かを書いてもってこいと言われて休日も休めません。心身ともに疲れきってしまいました。

窓口　そんなやり方をされても、なんとかがんばってきたのですね。

男性　はい。私にとって会社のおかげで私も家族も食べていくことができているので、会社のためと思ってがんばってきました。それでも、いまの生活を続けるのはムリだと思って、このことを人事担当者に訴えて異動させてほしいと言ったら、病気になったら異動させると言われました。そこまで言われて、もう死ぬしかないと思い、家族には、自分に何かあったら人事の担当者に連絡するようにと言いました。家族はなんだかわからない様子でした。それから、会社の帰りに駅のホームの端に立って何度も飛びこもうとしました。

窓口　もう死ぬしかないとまで思った。そのくらいの気持ちだったら会社を辞めてもいいとは思いませんでしたか？　家族を考えることはありませんでしたか？

男性　会社のためにならないのなら死ぬしかないと思っていました。その後のことは考えられませんでした。それでも社外相談窓口にこのことをどう思われるか聞いてみたかったので相談しました。

窓口　よくご相談くださいました。お話しいただきました内容、このような大事な事柄は、しっかり受けとめました。いまの健康状態が心配ですが、お話を聴いてこれ以上、その上司との人間関係を続けることはムリだと思います。こちらからこのことを人事に話したいのですが任せていただけますか？

男性　お願いします。

窓口　今日お聴きしたお話の中で、人事に伝えては困ることがありますか？

男性　特にありません。メールに「受けとめました」と書かれていたことで本当に救われました。

ポイント 被害者に、気持ちを受けとめたことを伝える

　その後、社外相談窓口は会社の人事に連絡しました。会社では、本人の希望を聴いて配属を変える対応を取る一方で、この上司には、会社のコンプライアンス（懲罰）委員会から、今後同じようなことがあったら懲戒に処すことになる旨を伝えて、厳重注意がなされました。さらにコンプライアンス（懲罰）委員会は、人事に対しても細心の注意を払って対応にあたるように申し渡しました。

　この相談者が自殺をしていたら大変なことでした。非常にリスクの高いケースがあることを相談窓口担当者や人事担当者は十分に留意しておく必要があります。

暴言を吐く課長へのヒアリング

　ある職場で課長の暴言でつぶれる部下が続出しているという噂が以前から社内相談窓口に届いていましたが、直接訴えてくる者はいませんでした。

　今回、初めて若手男性社員から訴えがありました。課長は非常に有能な人で、その上の上司からも高く評価されていたため、誰も言い出せなかったのです。

　相談窓口は第三者（周辺者）の話を聴いて、訴えのあった内容を確認したうえで、課長のヒアリングを行ないました。

失敗例　行為者ヒアリング

窓口	○○課長、今回こちらに呼ばれた理由はおわかりですよね？
課長	こっちは、これから徹夜しなければならないほど仕事の案件がたまっている。上司から行ってくれないと困ると懇願されなければ、こんなところにはこなかったよ。
窓口	課長から指導の範囲を超えた暴言を吐かれてメンタル不調になったという社員からの訴えがあった以上、課長から直接お話をうかがう必要がありました。
課長	その社員が誰かは見当がついている。お前は仕事をしないなら会社にくるなと言ったことがある。こういう仕事のできない能力の低いやつを俺の部下にした上層部が悪いんだ。
窓口	課長は以前からこの社員以外に何人も暴言でつぶしてきたという噂を聞いています。
課長	噂を信じるのか？　つぶしたんじゃなくて仕事が厳しいので自分から勝手につぶれたんだ。
窓口	会社としては、そういう考え方はもう許されないんですよ。

課長　会社？　その会社のために俺がどのくらい貢献してきたと思う？お前のような他部署の人間にはわからないだろう。俺の仕事は上層部も評価している、それどころか頼っている。だから俺のやることに物を申すなんてこともなかったんだ。

窓口　しかし、今回は部下が実名をあげて課長をパワハラの加害者だと訴えてきたんですよ。このまま放置するわけにはいきません。

課長　そんな話をまともに聞いていられるか。俺のことはどこにでも訴えたらいいんで受けて立つよ。パワハラとか言われるなら俺は会社を辞めるよ！　俺が辞めて仕事がストップしたらお前はどうやって責任をとるんだ。相談窓口というけど、お前は上から目線で人の話をまったく聞かない。逆に相談窓口からパワハラを受けたと俺が訴えたらどうするんだ？

ポイント　ヒアリングでは事実の確認を最優先する

　行為者とされる人に対して、はじめから「パワハラの行為者である」と決めつけているかのような対応がされています。上から目線で言われている気がするというのも、無理もないかもしれません。

　決めつけた対応、相手の言い分をよく聴かない対応は、問題をこじらせます。ヒアリングは、話を聴いて、事実を確認するためのものであることを十分に認識しておく必要があります。

　パワハラ行為が確認されたのであれば、パワハラ行為をやめさせて、反省をしてもらわなければなりません。しかし、それはパワハラ行為についてであり、行為者とされる人を全面的に否定することは許されません。行為者とされる人も大切な社員です。

　厳しい対応をしなければならないのは、当該行為が事実であると人事部門またはコンプライアンス（懲罰）委員会で認定したあとです。はじめから行為者扱いすることは、ヒアリングの対応として厳禁です。

窓口　このたびはお忙しい中をお呼び立てし恐縮です。私は相談窓口担当の□□です。どうぞよろしくお願いします。

課長　いったい、なんなんですか？　こんなに忙しい最中に呼び出されるなんて。私の仕事の重要性がわかっているんですか。一応、ここまできたけれど内容だけ聞いたらすぐに帰るよ。

窓口　課長がキーマンとしてお仕事をされていることは十分にわかっていますが、今回部下から課長の暴言で職場環境が悪化しているという訴えがありました。働く社員にとって職場環境は重要ですので、課長ご本人からも事実を確認させていただくためにお越し願いました。組織としてこういう問題の対応にあたっては、双方の話をヒアリングする方法しかありません。どうかご協力をお願いします。

課長　俺が会社のためにどれくらい貢献しているのかわかっているのか？　俺が暴言を吐いたって言うけど、ここの仕事は厳しいんだ。そんな甘い言葉でやってられないんだよ。こちらはいい迷惑だ。

窓口　わかっております。課長の経験を部下に継承いただくことは大事だと思っています。

課長　それならもうこのくらいでいいだろう。俺は怒っているんだよ。

窓口　課長の指導でつぶれる部下が多いと聞きましたが、このことを課長はどう思われますか？

課長　これまで上からそういうことで注意を受けたことは一度もない。つぶれるような部下はもともとこの仕事に向かない。そういう人間を俺の部下として配属するのが間違っているんだ。

窓口　指導のあとにフォローをするといったことはありますか？

課長　俺自身は厳しい環境で厳しい指導を受けていまに至っている。フォローなんて受けたことはない。パワハラとか言われたら指導なんかできない。

窓口　会社としては、熱心な指導であっても、適正な範囲を超えた言動は、なくしていこうという方針です。課長は、部下からの訴えの内容が事実であると認めていると受け取ってよろしいですか？　この結果はコンプライアンス（懲罰）委員会で判断することになりますがよろしいですね？　課長がこのあと、犯人捜しのようなことをしたり、関係者にこのことで接触したりすると、それ自体が重いパワハラ行為になります。ご協力をよろしくお願いいたします。

ポイント ┃ 行為者の全人格を否定しない

　行為者とされた人のヒアリングは、相談窓口担当者にとって非常にむずかしいものです。相手が全面的に訴えの内容を否定し、相談窓口担当者に激しい怒りをぶつけるケースも少なくありません。相手が怒り出すことを十分に想定して、より丁寧で慎重に対応することが必要です。

　最初のヒアリング時点では、「行為者とされた人」が「行為者である」とはまだ判定されていないので、行為者であると決めつけたような言い方は厳禁です。ハラスメントで問題となるのは「行為」であって、行為者の「人格」ではありません。該当する行為の部分を直してもらうことが重要であり、相手の人格を否定することは許されません。

　その点に気をつけないと、行為者とされた人は、全人格を否定されたと受け取りかねません。「私のほうがパワハラの被害者だ」と主張する人も増えていますので、相談窓口担当者は、行為者とされる人の自尊心（プライド）に何よりも配慮が求められます。

　パワハラを何度も違う相手に行なってきた行為者の中には、是正することが困難な思い込み（価値観）があって、自分が間違った行動をしているなどとは思わない人もいます。そういう人に有効なのは、経営者の「どれほど能力があっても大切な人材を失わせるような人は許さない」という毅然とした態度だけといっても過言ではありません。

身体的暴力を受けた被害者へのヒアリング

　飲み会後のカラオケで上司が部下の女性にからんでキスまでしていました。それを見ていた男性社員が「なんてことをやっているんですか。彼女は泣いていますよ」と言ったところ「関係ないだろ」と言われていきなり頭を叩かれ、足を蹴られました。

　上司のセクハラ行為も、自分に対する身体的暴力も許せないと、男性社員は社内相談窓口に訴えました。

成功例　被害者ヒアリング

窓口　私は相談窓口担当の□□です。上司から身体的な暴力を受けたというのは放置できない問題です。お話をしっかり聴かせていただきます。

男性　飲み会のあとのカラオケで上司が女性にデュエットをするようにしつこく誘って歌いながら抱きついたり、嫌がっているのにキスまでしているのを見ていて、本当に許せない気持ちになりました。彼女は私の後輩ですが、その後泣いていたのを見てもう黙っていられませんでした。上司に「なんてことをしているんですか。彼女は泣いていますよ」と言いました。そうしたら「お前には関係ないだろう。こっちはいい気持ちでいるのにそんなことを言うな」といきなり頭を叩かれました。

窓口　そういうことがあったのですか。同僚の女性がそんなことをされていたら黙って見過ごすなんてできないですよね。

男性　それだけでもひどいのに、そのあとに私は、重たい歌集ファイルで頭を叩かれたうえに足を蹴られました。もう怒りがこみ上げて上司を殴ってやろうかと向かっていきましたが、同僚から止められてなんとか思いとどまりました。

窓口　上司に暴力をふるわれたけれど自分は思いとどまったのですね。それはよく我慢されたと思います。

男性　この上司からは飲んでいる席で「ここへ来い」と言って説教されることが多いのですが、こんなことをする人間からの説教なんてもう聞きたくないです。飲み会の席でいつも性的冗談を言うこの上司に、先輩の女性は我慢して笑顔をつくっていましたが、同僚の女性は硬い表情で、飲み会には出たくないと言っています。

窓口　そんな飲み会があったのですね。特に身体的暴力まで受けたことは重大なことです。話しにくいことをよく話していただきました。このあとは上司にも話を聴くことになりますがよろしいでしょうか？　相談したことで不利益になることは法律で禁じられているので、上司からこのことで接触をするようなことはさせません。

男性　それを約束していただけるなら、お願いします。

窓口　あくまでも事実確認のためのヒアリングでしたが、この場でうかがったお話を担当部署で検討したいと思います。検討した結果は早めにご報告いたします。

ポイント　暴力行為の事実を確認し、早急に対応する

　このケースは、1回の行為であっても許されない暴力・暴行に該当することから、早急にコンプライアンス（懲罰）委員会にかけられ、事実確認が行なわれました。その結果、暴行は事実であり、セクハラを繰り返していることも確認されました。こういう問題は、行為者本人の反省度合いにもよりますが、厳正な対処をすることが必要です。

　このケースでは懲戒解雇も検討されましたが、本人が反省の意を示して被害者たちに謝罪し退職を申し出たため、自主退職が認められました。

　なお、行為者に厳しい対処がなされた場合、「あなたの訴えたことだけではなく全体的な判断をした」と伝えることもポイントとしてあげられます。これらは被害者が自分を責めすぎないための配慮になります。

ハラスメント相談のフローチャート

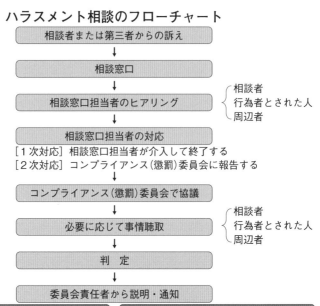

相談者または第三者からの訴え

↓

相談窓口

↓

相談窓口担当者のヒアリング ── { 相談者 / 行為者とされた人 / 周辺者

↓

相談窓口担当者の対応

[1次対応] 相談窓口担当者が介入して終了する
[2次対応] コンプライアンス（懲罰）委員会に報告する

↓

コンプライアンス（懲罰）委員会で協議

↓

必要に応じて事情聴取 ── { 相談者 / 行為者とされた人 / 周辺者

↓

判　定

↓

委員会責任者から説明・通知

ハラスメント（被害者・行為者）と認定せず	ハラスメント（被害者・行為者）と認定
◆相談者に説明 ◆行為者とされた人に注意・指導	◆相談者に説明 ◆行為者は就業規則に基づく人事異動、けん責、減給、出勤停止、降格、論旨解雇、懲戒解雇

↓

相談者に対して関係改善支援、不利益回復、メンタルケア
（関係者への報告が必要となる場合がある）

作成：㈱日本産業カウンセリングセンター

第4章

事例から学ぶ対応のポイント

現実のハラスメントは、さまざまな要素が複雑に絡み合っていて、一つの事例が複数の「類型」にまたがることも少なくありません。現実に起こりうる事例を想定し、ハラスメントの6類型の内容を踏まえてポイントを解説します。

事例 1　　　　　　　　　　　　　　　　［身体的な攻撃］［精神的な攻撃］

息子が受けたパワハラを両親が訴えてきた

相談ケース

　Aさんは、上司の口調の厳しさに入社間もないころから悩んでいました。この上司は部下に「死ね」という暴言を繰り返し、うつ病にまでさせたという噂がありました。Aさんには「死ね」とまでは言いませんでしたが「お前は能力も低いし努力も足りない。なんの役にも立たないダメな社員だ。よくこの会社に入れたものだ。親の顔が見たい」と繰り返し言っていました。会議室で1対1で注意を受けたときには、ファイルで頭を叩かれ、背中を強打され、足を何度も蹴られました。

　Aさんはその後、この上司が夢にまで出てくるようになり、心身症の症状（吐き気や下痢など）で仕事ができなくなりました。また、この上司に「そういう言われ方は辛いです」と直訴したところ、「俺にきつい言い方をさせているのはお前だ」と言われてしまいました。Aさんは朝、起きるのも辛くなって会社に行けなくなりました。

　このような状況であることが、Aさんの両親から人事部に連絡がありました。まず人事の責任者が自宅に出向き、両親に心配をかけたことを謝罪し、本人に会わせてもらって事実確認のためのヒアリングを行ないました。また、相談窓口担当者が第三者のヒアリングを行なった結果、ほかにもメンタルクリニックに通う部下がいることがわかりました。

　上司へのヒアリングでは、事前に第三者のヒアリングを行なったことが上司に伝わっていたことがわかりました。上司は「若手の部下の指導のために厳しい言い方が必要だった。両親が出てくるなんて甘やかしだ。まわりの人間に話を聞いたというので、この職場にはもう自分の居場所はなくなった」と激怒して会社を辞めることになりました。

　人事は、Aさんがまわりの人から、「上司を辞めさせた」と言われないよう、異動させました。Aさんはその後は休まず仕事を続けています。

1 家族からの申し出にも配慮と対応が不可欠

このケースでは、会社に出てこられなくなった社員に対して、人事責任者が自宅に足を運び両親に会って謝罪をし、そのうえで、本人に会わせてもらいました。適切な初動対応です。

家族からの申し出にも、相談窓口担当者、人事責任者はきちんと対応する必要があります。家族は、本人のことをとても心配しています。家族の感情にも配慮した対応が必要です。

2 第三者にも守秘をお願いする

このケースでは、先に第三者へのヒアリングが行なわれ、それが上司に伝わってしまいました。順番としては、まずは当事者に事実確認をするべきでした。行為者とされる人にも言いたいことはたくさんあるはずです。それを言う前に、周囲から固められてしまうと、気分を害します。最終的に、自主退職に至りましたが、「退職に追い込まれた」という気持ちがあると、辞めてから報復に出る可能性があります。第三者にヒアリングをした場合には、くれぐれも「守秘」を厳守してもらいます。

3 再発防止策を講じる

行為者に対して厳しい処分をすることは必要ですが、それは、あくまでも該当する「行為」に対してです。当該行為の部分を除けば、行為者も、会社にとっては大切な人材です。また、行為者を退職に追い込むだけで終わってしまっては、他の社員への十分な教育機会を逃してしまうことになります。全社的な再発防止への教育まで踏み込んで対策を講じなければ、同じような事例が繰り返し出てきます。

事例 2　　　　　　　　　　　　　　　　　　　　［精神的な攻撃］
ノルマ未達社員が、上司から人格すべてを否定されたと訴えた

相談ケース

　Bさんは、大手スーパーに出店している化粧品メーカーの販売員として長く働いています。大手スーパー内の売り場には複数の販売員が所属しているので、個人の実績はばらばらになります。その中でBさんは、自分のできる範囲を精一杯やって地域で一番の売り上げ実績を保ってきましたが、この何ヵ月か低迷が続いています。そういう状況下でも、なんとかチームワークでがんばってきた最中のこと、上司である課長から「この店の売り上げが目標に届かないのはあなたのせいだ。あなたのマイナスがこの店のマイナスだから」「あなたがいないほうがこの店はうまくやっていける」などと言われ、さらに数々の暴言も浴びせられました。

　この課長は前の職場でパワハラの噂があった人ですが、Bさんはこれまでは、そこまで言われたことはありませんでした。

　Bさんたちの仕事は、各担当の連携がうまくいかないと実績が上がらないタイプのものです。そのためBさんは、連携をよくするために「課長も何らかの打開策を出すべきではないか」と感じました。また、動悸が強くなって不眠になり、仕事へのモチベーションは下がり、お店に行くのも辛くなりました。

　同僚から「社内の相談窓口に電話してみたら」と言われたBさんは、「私は人格すべてを否定されました。このままではやっていけないから課長に注意してもらいたい」と訴えました。

　相談窓口は、Bさんの話を聴き、販売課長の話も聴いたうえで、暴言が事実であることを確認しました。コンプライアンス（懲罰）委員会に伝えると、委員会は「このような言葉は不適切なマネジメントに当たる」と判断して、販売課長を異動させる対応を取りました。

1 暴言の内容を確認する

相談窓口は、人格すべてを否定されたとまで思った理由を聴きます。

暴言は、その内容によっては、1回だけでも問題となることがあります。「死んでしまえ」「会社を辞めろ」などは暴言と判断される可能性が高くなります。

2 要望に早急に対応するように進める

このケースでは、「上司に注意してもらいたい」という要望が出されています。要望があった場合には、早急に対応することが必要です。

上司にヒアリングをした結果、注意だけですませることはできないと人事部門は判断しました。「パワハラ」というジャッジはしませんでしたが、課長の言動として「不適切なマネジメントに当たる」と判断して異動させました。

このように、上司に厳重に注意をしたうえで、接点を外すことが必要な場合があります。上司と販売員の関係がぎくしゃくしていては売り上げも低迷しがちですから、ビジネス上も重要な対応です。

3 再発防止のためのアプローチも必要

行為者を処分することは必要ですが、再発防止のためには、行為者にきちんと理解してもらうことのほうが大切です。直接、顧客に接する人たちを気持ちよく働かせることが上司の役割である点を上司にも理解してもらうことが欠かせません。

売り上げが低迷している責任は上司にもあるはずですから、「売り上げが達成できない原因を一緒に考えましょう。何か必要なことを言ってくれればやりますよ」といった声かけやアクションが上司として望ましい指導だったことを人事部門責任者は指摘しておく必要があります。

事例 3 　　　　　　　　　　　　　　　　　　　 ［精神的な攻撃］
年下の上司から「お前は出入り禁止」と言われた

相談ケース

　40代後半のCさんは、自分より若い上司の下で働いています。あるときCさんは仕事でミスをしました。

　すると、上司から「アンタはバカじゃないのか。もうアンタの書類は見ないし、決裁もしない。出入り禁止だ」と言われました。Cさんは、「ミスをして申し訳なく思っています。迷惑をかけていますが、出入り禁止にはしないでください。なんとか見ていただけないと仕事になりませんから」と謝りました。

　しかし、上司はその後、Cさんを無視するようになりました。

　Cさんは、上司から無視されて決裁も受けられず、仕事が進まなくなったため、社内相談窓口に相談をしました。

　社内相談窓口では、Cさんの話を受けとめ、そのうえで、上司からもヒアリングを行ないました。

　上司は「何度も注意しているが、ミスが多くて直らないので言った」と認めたものの、Cさんとは言い分が対立していました。

　社内相談窓口から連絡を受けた人事部門は検討のうえ、パワハラとまでは言えないが、厳重注意を与える事例と判断し、上司に対して注意を与えました。

　相談者のCさんに対しては、「パワハラとは認定されませんでしたが、人事部門責任者は厳重注意を与えました。次に同じことがあったら厳しい対応とします」と伝えました。

1 暴言が繰り返されていないかを確認する

上司から暴言を1回受けたという申し出ですが、その前後に暴言が繰り返されていないかを確認します。暴言が何度も繰り返されるのが、典型的なパワハラです。しかし、部下が仕事をやっていけなくなるような暴言の場合は、1回でもパワハラに近いといえます。

2 不適切なマネジメントを修正する必要性を認識してもらう

上司は「何度、注意してもミスをするので強い言葉を使った」と主張しています。部下に訴えられて貧乏くじを引いたと思っている可能性もあります。そういう上司に対しては、「個人としての人格を傷つける言動はわが社としては不適切なマネジメントだと判断します」と厳しく注意することが必要です。

「もうアンタの書類は見ないし、決裁もしない。出入り禁止だ」とは、上司として指導する役割を放棄しています。その点を反省してもらいます。

3 反省の様子が見られないときは厳しい処分とする

1回目は、厳重注意ですませるという対応もありますが、同様のことが繰り返された場合には、上司にはしばらく部下を持たせないようにして冷静になって考えてもらうことも検討する必要があります。

部下には何を言ってもいいという考え方は、現在では通用しません。

パワハラ上司についての匿名の投書が相談窓口に届いた

相談ケース

　社内で「パワハラ的」と噂のある上司がDさんの職場に異動してきました。話がくどくて長く、みんなの前で部下をよく罵倒したり、大きな声で厳しく叱責したりするこの上司と、Dさんはペアで仕事をすることになりました。しかし5日間一緒にいただけで、Dさんは夜も眠れなくなってしまいました。

　その後、Dさんはメンタルクリニックを受診し、診断書が出されて休職することになりました。

　この上司は、「俺は何人も部下をつぶした」と自慢話にしている人で、「俺は最近はこれまでのような元気がなくなりいい人になったみたいで、部下をつぶすことも減った」と言っていたそうです。ただ、これまでは相談窓口に相談する人はだれもいませんでした。

　Dさんは、噂を聞いていたため、自分が一緒に働くことになったら大変だと思っていましたが実際、メンタルヘルス不調になったため、匿名の投書という形で会社の相談窓口に伝えました。上記は投書の内容をまとめたものです。

　相談窓口は、匿名の投書だったためどのように対応していいかわからず、社外の専門家に相談しました。その結果、通常のパワハラの申し出と同様の対応をすることにして、上司からのヒアリングと第三者へのヒアリングを行ないました。匿名の投書であっても、上司の実名が書かれていれば、虚偽の訴えではない可能性が十分にあると認められますので、第三者へのヒアリング実施も検討します。その際は、被害者が多数いることを考慮して、現在の部署に限らず、その上司の異動前の部署やこれまでかかわりのあった人なども含めて、ヒアリングを進めることが大切です。

対応のポイント

1 匿名の投書も放置せずに第三者のヒアリングを行なう

ハラスメントの相談をすることがどれほど大変なことかをよく理解する必要があります。「うちの上司にはみんな苦しんでいる。自分は言いたくないけど、誰かが窓口に通報してくれないかな」と言う人はたくさんいます。この先も、行為者とされる人と同じ会社で仕事を続けなければなりませんので無理もないことです。このような状況をよく理解したうえで、匿名であっても被害者を支えて対応してください。ただし、ヒアリングにあたっては、絶対に情報を漏らさないように秘密厳守を約束してもらいます。

2 再発させないための対応を取る

この上司は「厳しい指導で何人も部下をつぶした」と自ら言っているほどですから、繰り返しパワハラをしていることが疑われます。被害者が誰も名乗り出ないため、パワハラと認定することがむずかしいとしても、働く環境を悪化させていることは事実であり、その点に対して、注意を与えることはできます。

3 投書した人に解決の推移を見てもらえるようにする

パワハラの問題は、どのように対応したかを相談者に伝えることが必要です。しかし、匿名で投書されている場合は、申し立てた人が誰だかわかりません。会社として誠意を持って明確に対応した結果を、解決に至る経緯を見てもらうしかありません。匿名で相談した人も何らかの形で返事があることを期待しています。

事例 5 [精神的な攻撃]

リーダーが部下から精神的攻撃を受けて思いつめた

相談ケース

　IT企業に勤める、客先常駐SEで現場リーダーのEさん（30代後半）の悩みは、部下の1人をうまく管理できないことでした。

　部下（入社5年目、Eさんの下に異動してきて3ヵ月）から「あなたは指示をちゃんと出してくれない。リーダーとしての資格がない。もうやっていられない」と、リーダーはこうあるべきだという"べき論"を強い言葉で言われて反抗されました。この部下は「私はあなたから評価されようとは思わない」と評価面談まで拒否しました。

　Eさんはこの部下の対応がストレスとなり、背中に強い痛み（内科では原因不明）が生じ、眠れない日が続きました。Eさんは、部下からの攻撃でつぶされたくないと考えて社内相談窓口に相談に行きました。

　Eさんは「部下の問題をなんとかできないようではリーダーとして失格だと言われないか不安でした。部下とは険悪な関係になっているので、当事者同士でじっくり話し合うようになどと言われたらリーダーは降りなければと思っています」と訴えました。

　社内相談窓口は傾聴に徹して、本人の了解を得て上司にこのことを伝えました。相談窓口からEさんの悩みを聞いた上司は、職場に戻ってEさんに対して「この部下の対応には他の上司も苦労している。優秀だがクセがあることを、私が前もって言っておけばよかったのかもしれない。あなたのリーダーとしての問題ではない」と真剣に受けとめていることを示すとともに、休日出勤や夜勤なども多かったEさんをねぎらって、2週間休むように話し合いで決めました。また、その間に当該部下を他のグループに異動させて、Eさんとは顔を合わせることはなくなりました。Eさんは体調もよくなりリーダーとしての仕事を続けています。

1 「些細なこと」というとらえ方をしない

ハラスメントは上下左右どこからでも起こります。必ずしも上司からとは限りません。

「部下から言われたくらいで悩むなんて、情けない」「こんな些細な問題を訴えてきた」などと判断して軽く扱うと、長引いて深刻な結果になるケースが多く生じています。

2 当事者が話し合えばいいという提案はしない

しばしば当事者同士1対1で話し合ってもらうことが提案されますが、そのようにすべきではありません。お互いがむずかしい関係になっているはずですから、かえって問題を大きくしてしまいがちです。身近にいる第三者が間に入って話し合うというのも、あまりうまくいきません。

3 訴えてきた人（相談者）の体調によっては、対応を急ぐ

過重労働に加えて、人間関係のトラブルも抱えると、心身ともに負担を与えることになります。相談者が心身の不調を訴えているときには、まずは体調の回復を優先させます。そうすることで相談者は余裕を取り戻すことができます。また、心身の不調が生じている場合は、できるだけ対応を急ぐことが大切です。

このケースは、相談窓口が些細なことと受け取らずに真剣に話を聴いて、上司に連絡を取りました。上司は、相談者の体調に配慮し、部下との接点を外す対応をしました。適切に「初動」が行なわれたケースです。

事例 6 ［人間関係からの切り離し］
先輩パート社員からのパワハラを複数の人が訴えた

相談ケース

　古くからいるパート社員は好き嫌いが激しく、嫌いな相手は挨拶をしても無視します。後輩パート社員のFさんには、はじめから冷たい態度で、仕事に必要な情報も与えませんでした。

　Fさんは、その先輩パート社員のことで深刻に悩んでいました。昼食の時間がもっともきついと言います。1人で食事をしていると、「孤独が好きなんだね、変わっている人だ」と言われます。だからといって仲間に入れてくれるわけではなく、常に仲間はずれにされました。このことを職場の人事担当者に相談したところ、その後、椅子の上に刃物を置かれました。

　Fさんは、人事担当者に相談すると何をされるかわからないため、社外相談窓口に「もう恐怖でおびえてしまって会社を数日、休みました」と訴えました。

　Fさんの話によれば、他のパート社員も悩んでいるらしく、すでに複数の人が人事担当者に訴えているとのことです。社外相談窓口は危険性を感じ、Fさんに危害が及ばないように、すぐに人事担当者に連絡しました。

　人事担当者があらためて調査をすると、この先輩パート社員は以前から、自分の言うとおりにならないパート社員を脅して、職場環境を悪化させていることがわかりました。管理する側もそれについてうすうす気づいていながら放置していたことがわかりました。人事部門は、その時点でようやく危険性に気づき、厳格な対応を始めました。

1 窓口を複数化しておく

　非常に危険なケースです。複数のパート社員が人事担当者にすでに訴えていたのであり、放置すべきではありませんでした。適切な初動を取らなかったことにより、かなりリスクが高まっていました。

　被害者は、刃物を置かれた恐怖心から、会社にはそれ以上訴えることもできなかったようです。こういうケースでは、社外相談窓口が、緊急的な相談先となることがあります。

2 これまでの対応を謝る

　最初の訴えがあってから、すでに時間が経っています。このような場合、人事責任者がまず、訴えてきた人たちにこれまで働きにくい環境を放置していたことを謝ります。そのうえで先輩パート社員の問題を訴えるには相当の覚悟が必要だったことをしっかり認識し、相談をしたパート社員の感情面に十分に配慮して、人事責任者が話を聴くべきです。

3 行為者を一方的に責めることはしない

　先輩パート社員（行為者）にはいやがらせ行為をやめさせ、上司に対しては、パート社員に対する人事管理をきちんと行なうようにしてもらいます。

　行為者に話を聴くときには、訴えた人たちに報復のようなことをすれば、処分が重くなることを伝えて報復しないことを約束してもらう必要があります。

　ただし、一方的に責めるような話し方はせず、行為者の側にも何らかのストレスがあり、問題のある言動に及んだという可能性を考慮したうえで話を聴きます。行為者の感情にも配慮した対応が再発を防ぐことにつながります。

事例7 ［人間関係からの切り離し］

上司から無視され、同僚から仲間はずれにされた

相談ケース

　Gさん（男性30代後半）は新しい組織に異動して、これまで経験したことのない仕事でチームリーダーを任されました。スタート時はチームのメンバーとの関係も良好でした。仕事の経験の長いメンバーに助けられてがんばりましたが、その後、上司が代わったことをきっかけに、Gさんは孤立するようになりました。

　新しく異動してきた課長に対してGさんは、当初から威圧感を感じて苦手意識で構えてしまう関係が続いていたところへ、「君は仕事はいまひとつだし、リーダーには向いていない。前の上司からの評価が高かったのが、信じられない」と言われました。Gさんはそれを、「先制パンチをくらった」と表現しました。

　そして「リーダーの代行を決めたから今後は2人リーダーでやってくれ」と言われ、さらに上司は自身が任命したリーダー代行に「チームを仕切っていいから」とリーダー代行とだけ仕事の話をし、Gさんはそれまで担当していた重要な案件からはずされたり、無視されるようになりました。

　同じころから、チームのメンバーがGさんの言うことを一切聞かなくなり、馬鹿にするような態度を取るような者まで出てきました。

　Gさんは自信を失い孤立感を深めてうつ状態になり社外相談窓口に相談しました。

1 相談者の心理的痛手の大きさを理解する

　この例は上司から言葉のパンチを受けたことに続いて、結果的にサポートを期待していた同僚からも続けてパンチを受けました。ボクシングでは一発の強いパンチを打たれても、立ち直る時間が少しでもあれば、すぐにダウンすることは少ないけれど、休む暇なく連続してパンチを浴びた場合はダウンすることが多いといわれます。今回のGさんにとっては予想以上に孤立感が深刻だったと思います。

　「そういうことがあったのですか。よくお話ししてくださいましたね」と受けとめてから、社外相談窓口担当者は丁寧に話を聴きました。

2 相談者が、いまできることについて助言をする

　相談を受けた社外相談窓口は、了解を得て社内相談窓口に相談をつなぎました。Gさんは自分自身のパフォーマンスが落ちていたことも問題だと思うので事を荒立てたくないが、この職場にはもういられないと訴えていました。それに対しては、いまの職場で孤立しているからと、このままあきらめるのではなく、さらに上の上司や職場外の人にも相談相手を見つけて相談することを勧めました。

3 無視や仲間はずれもパワハラであることを上司にわからせる

　上司とのコミュニケーションができなければパフォーマンスは上がらなくて当然です。チームのメンバーの疑問にも答えられず、他の部署との連携もはかれないからです。上司は自己中心的で部下を全面否定したうえでGさんを仕事の人間関係から切り離しました。パワハラ（精神的な攻撃、人間関係からの切り離し）と判定されても仕方ない事例でしょう。

事例 8 ［過大な要求］
外国籍の女性がパワハラを受けて会社を辞めることになった

相談ケース

　外国籍のＨさんは、日本で仕事をすることを望んで日本語を学びました。日本での生活は初めてですから日本の文化や人間関係に慣れるまでは苦労をしました。言葉の問題が一番大変でした。仕事を覚えるにあたってもわからない単語が多く出てきて、理解するのに時間がかかり、仕事が時間内に終わらないこともありました。

　上司からは「お前は時間がかかって困る」「てきぱきやれ」「速くしろ速く」「この仕事はあと10分でやれ」「あの仕事がまだ終わっていないのはどういう理由があるのか」などと叱責されました。昼休みを削って仕事をしていることも、段階を踏んでやっていることも認めてもらえず、なんで終わらないのかと責め続けられたＨさんは、この上司の下ではやっていけないと思うようになり、そのころから過食症、吐き気、胃炎、生理不順が起こって病院で薬をもらうようになりました。

　Ｈさんは会社を辞めることを決めました。ただ、「日本で仕事をしたいと考えてがんばってきたのに残念」と涙ながらに社外相談窓口に訴え、「もう有給休暇が残っていません。それくらい休んで、まわりのみんなに迷惑をかけました。この職場は親切な人が多かったのに上司の問題で辞めることになりました。父は会社を辞めることは反対でしたが、私の状態を見たらすぐに辞めるようにと言いました」と続けました。

　社外相談窓口は、Ｈさんの了承を得て、人事にこの話を伝えました。会社は、この上司に注意をすることは上の上司に任せました。上の上司はこの上司のマネジメントのやり方が問題とは思っていませんでしたので、軽い注意をしただけですませました。

　その後、この職場に別の女性が異動になったときに、当該上司の下で同様の問題が生じてしまい、その女性も体調を崩してしまいました。

対応のポイント

1 外国籍の人も相談しやすくなる工夫をする

外国籍で、日本語で苦労している人が、相談窓口に訴えるのはかなりむずかしいことです。自分の話が理解されるかどうかと悩み、相談しにくいのです。外国籍の社員がいる会社では、外国籍社員と会話のできる社員を相談窓口に配置するか、それがむずかしければ、外国籍社員に対していっそうの配慮をした窓口づくりが必要です。

外国籍の社員が言葉や文化、人間関係に悩むのは当然ですから、普段から何か問題はないかと話しかける機会をつくることも大切です。休みがちになっているなど目立つSOSのサインは早期にキャッチして相談するように勧めることが必要です。

2 体調回復を支援する

Hさんは体調を崩しています。初動としては、体調回復を優先してもらうことが重要です。このケースでは、療養休職にして一時、実家に戻しました。

3 行為者への対応を現場任せにしない

最初に相談を受けた職場上司（不適切な対応をとった上司）への注意指導は、現場に任せずに人事やコンプライアンス（懲罰）委員会で厳正に行ないます。そのことを対応マニュアルなどに明記しておくと、対応に一貫性を持たせることができます。パワハラ問題への対応には、ある程度の専門性や人事部門的な知識が必要です。対応に慣れていない現場に任せることによって、問題の先送りや無難というよりなれ合いの決着につながり、初動の対応を誤ってしまうケースが少なくありません。

事例 9　　　　　　　　　　　　　　　　　　　　　［過大な要求］

過重労働とパワハラでリーダーの女性がうつ病になった

相談ケース

　開発部門で働くⅠさんの最近 6 ヵ月間の残業は月平均80時間以上で、深夜まで働くこともしばしばありました。仕事を家に持ち帰ることもありましたが、会社の威信をかけたテーマを担当していたこともあり、もっとチャレンジしたいと思っていました。

　会社は女性リーダーを育てるという目標を掲げており、Ⅰさんは大抜擢されてチームリーダーとして何人もの年上の部下を持つ立場になりました。部下たちは、以前からこの職場で働いているため知識も経験も豊富で、チームの会議でⅠさんは、いつも部下たちから激しい口調で責められました。

　過重労働で疲れきっていることに加えて部下の抵抗で睡眠がとれなくなったⅠさんは、集中力が落ちて部下の話を聞けなくなったり必要な申請の書類を忘れるなどのミスを繰り返すようになりました。

　Ⅰさんは課長に「こんなに部下から突き上げられて、やる気も自信もなくなってしまいました」と訴えたところ「チームリーダーとはそういうものだ。ストレスでうつ状態になるのは普通のことだ。それを乗り越えないとダメだ。何を弱気になっているんだ。お前はそんなに弱い人間だったのか。見損なったよ」と言われました。

　このようなことが繰り返され、ストレスから、朝起きるのがやっとという状態になり、頭痛、動悸、胃炎、生理不順など心身症の症状が続いたことから、Ⅰさんは社内相談窓口に相談し、その結果 3 ヵ月間休職することになりました。

1 過重労働の状態を確認する

最近多いのは、上司が部下の過重労働を黙認する、あるいは部下に過重労働を強いるケースです。会社としてこの状態を放置しておくと、社員の自殺といった取り返しのつかない事態となることも生じえます。そこまで至らないとしても、法令に違反しているおそれがあります。過重労働の状態を確認し、法令違反をやめさせなければ、深刻な事態を招きかねません。

2 上司の対応を確認する

本人が何度も上司に助けを求めていたにもかかわらず、上司は、「ストレスは当たり前だ」「期待を裏切られた」「そんな弱い人間だったのか」と繰り返していました。そのため、本人は自分が悪いのかと思って苦しみ、体調を崩していきました。過重労働は、うつ病、過労死など深刻な事態をもたらす可能性を高めます。そのことを上司に十分自覚してもらう必要があります。

3 健康を取り戻して再び働けるように支援する

最終目標は、本人が心身の状態を回復させて、希望の職場で意欲を持って働けるようにすることです。

それには、上司に対してもきちんと指導をしなければなりません。上司には、時間外労働について法令違反をさせないように厳格に管理してもらいます。また、安全配慮義務（健康配慮義務）について再認識を促し、部下が健康を保てるようにマネジメントしてもらうことが必要です。

事例 10 　　　　　　　　　　　　　　　　　　　［過大な要求］

休日の取引先との付き合いを「日誌には書くな」と言われた

相談ケース

　1年前に異動してきた男性営業社員Jさんは、新しい職場でむずかしい取引先を任されました。この取引先の経営者との付き合いで、前任者はうつ病になって退職しています。Jさんには、この経営者と円満な人間関係をつくることが求められました。

　取引先の経営者は、土日でないと商談の場所にこないために休日に出勤せざるをえなくなりました。また3時間以上待たされてから「お前、帰れ」と言われることもありました。食事、ゴルフ、カラオケなどに日付が変わるまで付き合わされることもよくあります。

　Jさんは、疲労が抜けなくなったため、何かあったら困ると考えて、業務日誌にこのことを書きました。すると上司の課長から「こういうことを記録に残されては困るから書くな」と言われました。Jさんは「私はすべて仕事と思って行動しています」と答えると、「お前、むかつくんだよ。このことで証拠を残すな。何かあったらお前が勝手にやったことにしろ」と脅されました。

　Jさんは人事評価に響くことを恐れて我慢をしていましたが、期末の大事な時期に、胃腸炎にかかり1週間休むことになったときに、課長から「自分の体調も守れないで営業ができるのか。普通の感覚なら休まない」と言われました。

　Jさんはこれ以上は自分の身体がもたないと思い、社内相談窓口に訴えました。相談窓口は、休日の取引先経営者との付き合いが事実であり仕事と認められることをJさんの手帳や電子メールによって確認しました。

　相談窓口担当者は、この状態を放置しておくことは過労死や過労うつなどにもつながりかねないと判断し、コンプライアンス（懲罰）委員会に報告しました。

1 職場外、時間外での実態も確認する

　このケースのように、営業社員の中には、取引先との時間外の付き合いで食事、ゴルフ、カラオケなどをしている人がいます。当人にとっては仕事上、行かざるをえないわけですから、会社としては、状況をきちんと確認し、会社の就業規則に照らし合わせて、常識を超えた付き合いについては、やめさせなければなりません。

　対応を現場に任せるのではなく、社員に対する安全配慮義務から、会社は不健全で不透明な付き合いをなくしていく必要があります。

2 不適切な行為の隠蔽は許さない

　このケースでは、上司は過重労働を強いているばかりでなく、自分は責任をとらずに部下を責めています。さらに、記録を残させないという隠蔽行為のようなことまでしています。過重労働を強いることはパワハラとジャッジでき、加えて体調不良にまで至っていることから、危険性が高いといえます。この事例では、手帳や電子メールによる記録で過重労働を証拠づけることができました。

　隠蔽をはかることについても、厳しい処分で対応するべきです。

　なお、部下の立場としては、記録を残しておくこと、スマホなどに録音しておくなど、自衛手段を講じておく必要があります。

3 相談窓口から人事に連絡して、人事が全社的に確認する

　こういうケースは一部の職場だけで起きているとは限らず、他の職場でも似たようなことが生じている可能性があります。全社的に各部門の実態を確認して、対応することが必要です。相談窓口にはパワハラと判定する権限はありませんが、相談者の心身の状態についての緊急性の判断は、窓口担当者の責任であり責務です。

事例 11 　　　　　　　　　　　　　　　　　　　　［過大な要求］
パワハラを訴えたあとの上司との人間関係に深刻に悩んでいる

相談ケース

　Ｋさん（男性）の異動先の課長は「うちの職場で一番残業が多いのは俺だ」と日頃から部下に言っているような上司です。課長は産業医から、自分の体調管理だけでなく、部下の健康に対する安全配慮義務があることの注意指導をしばしばされていますが、それを意に介することもなく、むしろ指導を受けていることを自慢しているほどです。

　Ｋさんはその上司の下でがんばり続けましたが、家に帰るのが深夜12時近くになる日が重なり、体調が悪化していきました。Ｋさんが異動して２ヵ月後には、もっとも長時間残業をしている同僚が出張中に倒れました。その同僚の残業時間の申告は月80時間以内のぎりぎりのところでした。Ｋさんは、課長に「このままでは、まずいのではないですか」と言ったところ、「本人が大ごとにしたくないと言っているのに、なんでそんなことを言うんだ」と威嚇されました。Ｋさんは、上司からの報復を恐れて匿名で相談したいと思い、社外相談窓口に相談しました。

　社外相談窓口は、この状況を放置しておくと過労死する人が出かねないため、Ｋさんの了承を得て、社内相談窓口に伝えることにしました。その際、社内相談窓口には匿名での対応が依頼されました。

　社内相談窓口が当該職場の時間外労働を調査したところ、会社への申告時間を超える時間外労働が常態化していたことがわかり、課長には厳重注意がされましたが、異動などの処分にはしませんでした。

　それからしばらく経った職場の飲み会の席で、課長は「俺はひどい目に遭ったよ。この中の誰かに過重労働で訴えられた。懲戒処分にはならなかったけど俺のキャリアは傷ついた」と言いました。名前こそ出しませんが、Ｋさんを指していると誰もがわかる言い方でした。Ｋさんはその場にいるのが辛くなり、再び社外相談窓口に相談をしました。

1 産業医の指導を無視する時点で注意を与える

このケースでは、上司は産業医の指導を無視しています。これを放置していては、過重労働防止、法令遵守は成り立ちません。産業医の指導を無視している時点で、上司に対して厳重注意を与えます。

自分の過重労働を誇るような上司は、部下たちに過重労働を強いている可能性が高いと考えられます。部下に過重労働を強いていることが判明した場合は、厳しい処分が必要です。

2 職場での人間関係は続くことを認識する

現場においては、人間関係はずっと続いていきます。ハラスメントを申し立てた人と、行為者とされる人が同じ職場での関係を続けていくことは、非常にむずかしいものです。匿名での相談であっても、明らかに行為者の側の非が大きいと判断した場合は、行為者を異動させるなどの対応が必要です。

このケースでは、相談窓口に訴えた人が脅しを受け、さらに、飲み会の場では逆恨みされている様子がうかがえますので、リスクが継続しています。

3 「より重い行為者」にならないための約束をしてもらう

このケースを放置した場合、当該職場では、過重労働でうつ病になったり、過労死したりする人が発生する可能性が十分に考えられます。行為者を「より重い行為者」(ハラスメントを繰り返して被害を拡大させ、自身もより重い処分を受けるような行為者)にさせないためにも、「今後、同様の言動があれば、厳しい懲戒になります。二度と同じことをしないことを約束してください。また、報復的言動は許されません」と伝え、約束させることも必要です。

事例 **12** ［セクハラ］

海外出張時に上司からセクハラを受けた女性が退職を決めた

相談ケース

Lさんは、希望の会社に入って3年目に上司と1週間の海外出張をすることになりました。

出張初日の夜にホテルで上司から「仕事の予定を話し合おう」と部屋に呼ばれました。そこで「あなたが好きだ」と言われて抱きつかれました。どうにかふりはらって部屋から出ましたが、Lさんは、大変なショックを受けました。

出張中は仕事に追われてなんとか過ごしましたが、帰国後に、上司のふるまいに嫌悪感をいだくようになり、関係が険悪になりました。また、同じ上司との出張命令が出されないかが気になったので、家族と友人以外は誰にも話せなかった海外出張での一件を、さらに上の上司である部長に打ち明けました。

部長は驚きましたが「大ごとにしたくない。彼はこの職場に欠かせない人なので異動になれば仕事上のダメージが大きすぎる。あなたと彼とのペアは解消するからこのことは口外しないように」と言われました。

Lさんは、社内相談窓口に相談しようかとも思いましたが、部長の反応を見て、社内では相談できないと思いました。Lさんは、このまま仕事を続けられないと苦しんだ末、会社を辞めることを決めました。

退職を決めたうえでLさんは、社外相談窓口に「会社で働く気がなくなった」と訴えました。社外相談窓口は、社内相談窓口にすぐに連絡を入れましたが、部長はこの問題を社内相談窓口に報告すると約束していたにもかかわらず、伝えていなかったことがわかりました。Lさんはその対応にショックを受けて、不本意な気持ちのまま退職しました。

対応のポイント

1 セクハラの相談は、早急に社内相談窓口につなぐ

　セクハラを受けたことの相談や訴えを打ち明けられた上司等は、本人の了解を得て早急に社内相談窓口に報告することが基本の対応です。このケースでは、社内相談窓口に報告を怠った部長の初動の誤りによって、問題を解決できなくなり、Ｌさんは会社を辞めることになりました。

　ハラスメントの問題は、被害者が退職したら終わりではありません。あとで裁判を起こされたり、マスコミに情報が流されたりする場合もあります。初動の誤りはのちのち、非常に大きな問題となることがあります。

2 上司より先に社内相談窓口に相談できることを広く発信する

　相談をまず誰に（どこに）するかは、さまざまですが、このケースでは、「自分より先に相談窓口に相談された」ということを部長がよく思わないだろうと危惧したＬさんは、まず部長に相談をしました。このようなケースはよくありますが、上司に対応を任せてしまうと、なかったことにされてしまうこともあります。社内相談窓口に抵抗を感じることなく、直接申し出ることができるような社員と社内相談窓口との信頼関係を築いておくべきです。各管理職に、相談窓口への報告が問題の早期対応と解決に重要であることを理解してもらう必要があります。

3 セクハラ行為者をかばうのは厳禁であることを明確にする

　上司がセクハラ行為者をかばったとしても、行為者は同様のことを繰り返しかねません。かばった上司もセクハラ行為者に相当するという点は、社内での研修等で徹底させる必要があります。

女性社員が男性社員からのストーカー行為に悩まされている

相談ケース

　メーカーの開発部門で働く女性社員Mさんは、納期に追われて帰りは21時、22時になり、事業所から最寄りの駅までの道を1人で歩くことが増えました。夜遅いことから、隣のグループの男性に誘われて駅まで何度か一緒に帰ったこともありました。

　電車は違う方向だったので、男性とは駅で別れましたが、ある日男性から家まで送っていくと言われ、断わる間もなくMさんと同じ電車に乗ってきました。電車内では手を握られたり身体を押しつけられたりしました。

　家の近くで別れようとしたら「中に入れてほしい」と言われ、断わったところ家の前で無理やりキスをされました。その後は、一緒に帰るのを断わりましたが、「あなたのことが好きだ。なんで自分を嫌うのか」という電子メールが何度も届くようになり、無視していたら帰りに待ち伏せされたりしました。休日には家の前に車を止めていることがわかり、恐怖を感じて、引っ越しを余儀なくされました。

　Mさんは上司に、同僚からストーカー行為をされているので警察に訴えたいと言ったところ「彼はそんなことをする人間ではない。警察に訴えるなどは会社の恥になるからやらないように」と言われました。やむなくMさんは社外相談窓口に相談しました。

　社外相談窓口は、「ストーカー行為と考えられるのですぐに警察に届けることが必要なケースです」と社内相談窓口に伝えました。

　社内相談窓口はMさんと相談のうえ、警察に届けました。コンプライアンス（懲罰）委員会は、行為者に対しては、会社としての処分を検討し、さらに、警察への届け出を止めた上司に対しては、ストーカー行為がどれほどに危険かを伝えて、厳重注意をしました。

1 女性社員に同行して警察に訴えることが必要になる場合もある

ストーカー行為は重大な犯罪に発展することが少なくありません。被害者の居住地を管轄する警察に連絡する必要があります。

職場の人からのストーカー被害では、被害者にとっては、勤務先がストーカーのいる場所ということになります。ストーカーのいる場所に自分から行かなければならないのは恐怖です。被害者の恐怖感が強いために相談するまでに時間がかかっていることもあります。さらなる被害（心理的被害を含む）を防ぐためにも、早急な対応が必要です。

2 被害者の安全を最優先する

あらゆるストーカー行為の中でも職場内ストーカーほど被害者に心理的圧迫を与えるものはありません。被害者の心身の安全をはかることを最優先し、被害者が希望すれば、緊急避難的な異動を考えます。

3 安易な発言をしない

ストーカー行為は人間の内面から発生する思い込みなどから起きるために外見上の判断がつきにくいものです。「まさか、あの人がそんなことをするとは思えない」などと安易に言うことで、大問題となることがあります。多くのストーカー行為者に共通してみられるのは、相手の感情を共感的に想像できないために、一方的な甘え、強い思い込み、欲求不満を攻撃的な行動によって解消しようとすることだといわれています。

社内相談窓口の相談担当者がストーカーの行為者に対応することは、まず無理です。ストーカーとされる人へのヒアリングや話し合いは、警察への相談を含めて専門家にゆだねるべきです。

事例 14 ［セクハラ］
セクハラの当事者同士が数年後に職場で顔を合わせることになった

　女性社員のNさんは、男性先輩社員から飲み会の帰りに抱きつかれて、
「やめてください」と拒否したら、「同意していると思った」と言われま
した。さんざん迷ったあとに、「同じ部署で働くのは耐えられません」
と社内相談窓口に訴えました。

　社内相談窓口がNさんの相談を受け、人事部門で検討の結果、2人と
も異動させることになりました。Nさんがこの対応を了承したため、男
性に対する厳重注意は与えられませんでした。異動によって、2人は顔
を合わせることはなくなりました。

　その後、年次を重ね、昇格の時期を迎えて、この2人が同じ研修を受
けることになりました。人事部門は研修会およびその後に行なわれる懇
親会で2人の同席が可能かを検討しました。

　人事部門と社外の専門家が相談した結果、Nさんに対して、「研修会
とその後に懇親の場があるが、同席することは構わないか」と確認し、
Nさんが同席したくないと言った場合には、男性を研修会と懇親会に参
加させるかどうかを検討することにしました。

　Nさんに意向を確認したところ、「1日のことだからいい」とのこと
で、人事部門は男性に、「Nさんには研修会でも懇親会でも接触しない
ように」と伝え、Nさんには男性からの接触があった場合は、すぐに人
事部門の責任者に連絡するようにしてもらいました。それによって、研
修会と懇親会は事なきを得ました。

1 対応への了解があってもフォローをする

　セクハラのケースでは、異動で顔を合わせないように対応をしただけでは終わらないことを、相談窓口担当者と人事部門は認識することが必要です。

　このケースでは、相談後もフォローを続けていたため、研修の際の初動がうまくいきました。

　女性が「この対応でいいです」と言っても、その後に顔を合わせる可能性があることは気にしているので、フォローを続けていく必要があります。

2 将来、行為者と同部署になることがあってもいいかを確認する

　同じ会社で働く以上は、今後も顔を合わせるときがあるかもしれません。その場合の本人の希望をあらかじめ聞いておくことも大切です。

　相談の時点で聞いておくと、本人にも同じ会社で働くことの覚悟ができます。会社としては、この先何年間も配慮を続けなければならないのかと悩むでしょうが、本人の希望を優先することが重要です。人事部門は、将来にこういう問題が起こることまで考えて、初動の際にはのちのちの異動先まで考慮する必要があります。

3 行為者には、ルールに基づいた処分をする

　セクハラが事実であることが判明したにもかかわらず、甘い処分ですませることは、他の人への再発の危険を生じさせます。また、見逃すようなことは、行為者を「より重い行為者」にさせてしまう事態を引き起こしかねません。行為者には、社内のルールに基づいた対応をすべきです。行為者には、噂などによって被害者をさらに苦しめたり、会社に居づらくさせたりしないように注意をしておきます。

酒席でLGBTの人についての冗談話をする上司を部下が訴えた

相談ケース

　ある会社では、管理職に対してLGBT（性的少数者）の理解を深めるための研修を行なっています。それにもかかわらず、Oさんの上司は課内の飲み会の席で「うちの職場にレズやゲイみたいな人間はいないよね。そんな人間はいないはずだ。おれはホモが嫌いなんだ」と発言し、Oさんの隣にきた際は、「最近、管理職研修でLGBTの話があったが、そんな話は聞きたくもないし認めたくもない。そういう人間は親を悲しませたり苦しめたりする。お前はまさかそうではないよね」と話しかけてきました。

　Oさんは、LGBTではありませんが、LGBTの人の人権を大切にすべきだという価値観を持っていましたので、冗談話にする上司を許せないと思い「そういう差別的言葉はセクハラと同じなんですよ」と言ったところ、上司と言い合いになってしまいました。

　その後、Oさんは上司から無視されるようになったため、社内相談窓口に相談しました。社内相談窓口は、看過できない問題と認識して人事責任者に報告しました。人事責任者が上司を呼び出して、LGBTに対する差別的な言動はセクハラに当たるので絶対してはいけないと厳重注意をしました。

1 LGBTへの差別的言動はセクハラに含まれることを周知する

　LGBTへの差別的言動（性的指向もしくは性自認に関する偏見に基づく言動）は、セクハラに該当します。厚生労働省が民間企業・団体向けに定めているセクハラ防止指針に、「被害を受けた者の性的指向又は性自認にかかわらず、当該者に対する職場におけるセクシュアルハラスメントも、本指針の対象となるものである」と明記されています。公務員向けの「人事院規則10-10」の運用通知ではさらに厳格な規定となっています。

2 LGBTへの差別的言動には厳重注意をする

　公務員向けのルールは、酒席などの職場外において冗談話としてLGBT差別をすることもセクハラに当たると指摘しています。民間企業においても公務職場のルールにならって、十分な注意が必要です。個人に対して差別的発言をしないのは、基本的人権を尊重するのが社会の規範になっているからだと認識してください。

3 全社員に周知し研修効果をあげる

　LGBTへの差別的言動の相談が窓口に寄せられるケースはまだ限られています。それは、LGBTへの差別的言動がセクハラに該当するという認識が行き渡っていないことも一因です。研修を通じて周知していくことが、LGBTへの差別的言動を防止するための初動といえます。LGBTに対する直接的なからかいやいじめを根絶するだけでなく、LGBTがいない職場においても、偏見に基づく発言をしてLGBTを受け入れない職場環境とすることがないよう求められています。

　なお、研修は管理職に対してだけでなく、すべての社員になされなければ職場全体に効果は及びません。

事例 16 ［マタハラ］

まわりに伝えていない妊娠の事実を上司に漏らされた

相談ケース

　小売業の店舗に10年間勤めているＰさんは、店長として販売員６人を
とりまとめています。１年前に結婚して最近、妊娠したことがわかりま
した。職場に迷惑がかかることを考えて上司には、今後休む可能性があ
ることを早めに伝え、その際、「後輩には、安定期に入り、時機を見て
自分から伝えるのでまだ秘密にしてください」と頼みました。Ｐさんの
いる店舗では、６人中２人が育児時短勤務を取得しており、来客がもっ
とも多い夕方の時間帯や休日に交代で仕事をしてもらえないか、店長と
して個人面談を行なって他の人たちに頼んだばかりだったため、自分の
妊娠をどう伝えるかに気を遣っていました。

　上司はＰさんのすぐ下の後輩に「あなたも、いずれ店長をやることを
考えて仕事をしないといけない。いつまでも上に頼ってはいられない
よ」と言いました。後輩は突然、このようなことを言われたため、驚い
て「店長に何かあったのですか」とその上司に聞いたところ、上司はＰ
さんの妊娠を話してしまいました。後輩が、上司から聞いた旨をＰさん
に伝えたことから、上司が話したことが発覚しました。

　妊娠したことは間違いありませんが、まだ安定期ではなく体調も不安
定だったこと、また出産後は早めに復帰して自分の両親に育児支援を頼
んで店長を続けられればと考えていたこともあって、Ｐさんは大変なショ
ックを受け、マタハラだと社内相談窓口に訴えました。

　社内相談窓口から報告を受けた人事責任者はこの上司に厳重注意をし
たうえで、上司からＰさんに対して、妊娠について話してしまったこと
を謝罪させました。

1 妊娠はセンシティブな個人情報であることを周知する

上司が部下の女性から妊娠について話を聞いて「まだ秘密にしてください」と言われたにもかかわらず、それをまわりに伝えてしまいました。妊娠というのはセンシティブな個人情報であること、上司が部下の女性の妊娠・出産・育児に関して自分の価値基準をもとに「配慮した」と勘違いしないように研修等で周知します。

2 マタハラに対する理解を深めるのは会社の責任

店長の立場の部下が長く休む事態を危惧した上司が対応を急いだことが、今回の原因の一つと考えられます。くむべき事情はありますが、企業には、妊娠・出産をした女性に対してマタハラの防止措置を取ることが2017年から義務化されました。しかしマタハラに関して承知していない社員もたくさんいますので、周知期間を設けて、研修等できちんと伝えていく必要があります。

「マタハラのことを知らない人が悪い」ではなく、「周知を徹底させていない会社に責任がある」と考えるべきです。

3 育休からの復職後も支援を続ける

まずは社内相談窓口に訴えたあとの人間関係を調整するために、相談窓口担当者が当事者の間に入って双方の言い分を聴きます。厳重注意等とともに、教育的な対応も重要です。マタハラを訴えた社員が育休復職後に活躍できるようになるまで支援することが大切です。

事例 17 　　　　　　　　　　　　　　　　［マタハラ］
女性上司が部下の女性に妊娠の予定をたずねた

相談ケース

　ハードな目標を掲げているある企業の営業担当部署では、長時間労働・過重労働が続いていて、かろうじて最終電車で帰る社員もいれば、近くのホテルに泊まる社員もいます。出張が多く週に1日しか会社にいない社員は、書類の準備などで忙殺され帰宅ができない場合もあるそうです。

　そういう職場で、既婚の女性社員Qさんは営業のインサイド業務を担当していて、出張はないものの、月平均80時間の残業が続いていました。家に帰るのは23時過ぎで、家のことは何もできずに身体を休めるだけという生活です。

　Qさんは、上司の課長（女性）に、長時間働いてストレスがたまっていることを話したところ「あなたの業務で他の人に渡せるものがあったら渡したらいい。上から言われなくても自分でそうしてください」と言われました。また、その課長から「子どもをつくる予定があったら教えてほしい」と言われ、子どもをつくらないでと言われたような雰囲気を感じました。

　Qさんはその後、寝つきが悪くなり夜中に何度も目が覚めたり、食欲不振で体重が6キロ近く減りました。社内相談窓口を訪れたQさんに対し、相談窓口担当者はすぐに産業医との面談の場を設けることにしました。

　産業医との面談後、課長の上司に当たる部長と人事部門が相談して、Qさんの異動が決まりました。課長の女性には、部長から厳重注意が与えられました。

1 マタハラについての知識を周知させる

マタハラに対する社員の認識は、残念ながら十分とはいえません。同じ女性だから気軽に話をしてもいい、というのは誤解です。研修等で周知し一定の理解を得ないとトラブルが生じやすくなります。

マタハラに関する相談窓口の役割は、相談を受けるだけでなく、教育の役割も担っていると考えるべきです。相談を通じて出てきた問題について、個人情報の部分を取り除いて一般化し、社内に周知させていかなければ、似たような問題が次々と生じる可能性があります。

マタハラは、妊娠した女性、育児中の女性に対してのみ起こりうるものではありません。妊娠した人が一人もいない職場であっても、妊娠・出産を阻害するかのような環境が形成されているなら、それもマタハラに当たります。

2 体調不良の人は産業医につなぐ

職場の問題（特に過重労働）で体調を崩している社員が把握できたときは、産業医につなぐことが必要です。過重労働に関しては、産業医の意見があると、職場に対して指導しやすくなります。その後の人事配置についても、本人の希望を聴き、産業医の意見を踏まえたうえで判断します。

3 職場上司への注意指導は人事部門等が厳正に行なう

このケースでは、部長から課長の女性に注意を与えたという点については改善の余地があります。当該部長にマタハラについての十分な認識があるとは限らず、曖昧な言い方で注意をするかもしれません。マタハラ防止措置に基づく会社としての注意であることを明確にして、人事部門の責任者が注意をすべきです。

事例 18 ［マタハラ］

産休・育休後に復職した女性がマタハラを訴えた

相談ケース

　Rさん（女性）は育休復職後に1時間の時短勤務をしていましたが、復職時が期末前後の繁忙期だったため、実家の母親に保育園の送り迎えを頼んで残業をしていました。上司の課長は「時短でもアウトプットが大事」という考え方を示していたので、Rさんはそれにこたえるため、一生懸命にやろうと思ったからです。

　ところが、その上の部長から、「子どもが第一だよ。仕事は適当にやってくれればいいよ。代わりはいるから休んでも問題はない。だんなさんがこの先にもっと稼げるようになったら働かなくてもよくなる。いずれ辞めるのがいいことだよ」と言われてしまいました。Rさんはこの言葉を「あなたには期待していないし、手を抜いてもいいんだよ」と言われたと感じて急に仕事への意欲が下がり、社外相談窓口に相談しました。

　「子どもを優先すべきなのは言われたとおりだけれど、だからといって仕事の手を抜いているわけではない。自分としてはこれから子どもに教育費がかかるし仕事を続けたい。いままでやってきたことがなくなるようなことは望まない。部長にこのようなニュアンスの言葉を繰り返し言われているのは耐えられない」と訴えました。

　社外相談窓口は、社内の相談窓口に連絡する前に、本人に対して「まずは自分の思っていることを相手にきちんと伝えたほうがいいですよ」とアドバイスしました。Rさんは部長に「私は辞めません、定年まで働きます」とはっきりと言いました。それからは、部長から同じ言葉を繰り返されることはなくなったそうです。

　その後、社外相談窓口が、社内相談窓口に伝えるかどうかをRさんと相談したところ、「いまの時点では伝えたくない」ということだったため、社外相談窓口がRさんのフォローを続けることになりました。

1 部下の側からもコミュニケーションを取る

産休・育休後の女性は戦力にはならないという価値観を持った上司はマタハラを起こしやすくなります。しかし、どの上司がそういう考え方を持っているかはわかりません。制度を利用する側は、きちんと意思表示をすることが必要です。このケースでは、きちんと伝えたことによって、上司からのマタハラ的発言はなくなりました。

マタハラ防止の指針等においては、制度の利用者側からも、周囲（上司や同僚）に対してコミュニケーションを取ることの必要性が記されています。「相手に理解がないから、相手が悪い」と決めつけるのではなく、コミュニケーションを取って、理解してもらえるように自分の希望を伝えていくことも大切です。相談窓口は、コミュニケーションを促進する重要性についても伝えていく必要があります。

2 上司が部下とのコミュニケーションを拒否するなら注意を与える

部下の側からコミュニケーションを取ろうとしても、上司が聞く耳を持たないようであれば、ハラスメントの可能性が高くなります。相談窓口と人事部門が、会社として対応する必要があります。

3 上司には、モチベーションの視点を伝える

子育て中の女性が仕事にモチベーションを持てるかどうかは、上司の言動が大きく影響します。上司に対しては、法律的視点だけでなく、モチベーションの視点からもマタハラをなくすようにコンプライアンス（懲罰）委員会が伝えていきます。

最近は、育児とキャリアを両立させたい女性が増えています。子育て期間中もキャリアアップにつながる働き方をしたいという声も多く聞かれますので、管理者は十分に耳を傾けてください。

パワハラのヒアリングを逆パワハラと訴えられた

相談ケース

　女性研究職のSさんは、実験時に失敗をしました。指導的立場にある上司はSさんを強く責めて「これまでの人生がわかるよ」とまで言い、人生のすべてを否定するかのような発言を繰り返しました。

　Sさんは全人生を否定されたと感じ、深く傷つきました。同僚に「もうこの上司とは顔を合わせたくない」と訴え、会社にも行けない精神状態になりました。

　話を聞いた同僚は、「これはパワハラではないか」と社内相談窓口に匿名で訴えました。社内相談窓口はSさんに一通りの話を聞き、Sさんが問題を大きくすることを望まなかったことから、窓口担当者は当該上司の上役（上の上司）に対応を依頼しました。

　上の上司は、当該上司のヒアリングをしましたが、その際に「これは、Sさんからの相談に基づいた事実確認のためのヒアリングです」と明確に伝えることをしませんでした。呼び出す際も、呼び出す趣旨の説明がなかったため、当該上司は呼び出された理由やヒアリングの趣旨がわからないまま、上の上司と面談することになりました。

　その後、ヒアリングされた当該上司は「自分こそ、上の上司からパワハラを受けた」と社内相談窓口に訴えました。

　会社側は予期せぬ訴えを受けて、Sさんに対する当該上司のパワハラ問題に対応ができない状態になりました。

1 ヒアリングは相談窓口（ハラスメント窓口）がする

社員がその上司に人権を傷つけられて通勤できない状態になったことは、会社にとって重大な問題です。会社のハラスメント窓口が社員と上司の両者にヒアリングをするというルールをつくっておくべきです。上の上司といえども対応に慣れているわけではありませんので、不適切なヒアリングとなってしまう可能性があります。

こうしたケースは、ハラスメント対応の失敗例の多くに当てはまります。ヒアリングを当事者たちの上司任せにする、あるいは上司にヒアリングの依頼をするなどは、初動の誤りとしてもっとも起こりがちです。

2 ヒアリングの目的をはじめに明確にする

上司がヒアリングを担当する場合でも、あくまでも事実確認のためのヒアリングであることを最初に伝える必要があります。確認の段階にすぎず、まだパワハラとは決まっていないからです。また、両者の意見が食い違う問題への対応にはヒアリングしか方法がないことを説明する必要があります。

ヒアリングの趣旨を説明しておかないと、ヒアリング自体が「パワハラ」だと受けとめられてしまうおそれがあります。

3 当事者以外からの匿名の相談にも応じる

第三者が被害者から相談を受けて匿名で相談窓口に訴えた場合、相談窓口は匿名でも当事者からの通常の相談と同じように受け付けます。被害者を孤立させないためだけでなく、周囲にもパワハラを見逃さない行動が求められているからです。

事例 20

被害妄想の疑いのある社員がパワハラを受けたと訴えた

相談ケース

　「非常に長期間にわたった悪質・陰湿ないやがらせと、ストーカー（つきまとい）の被害を受けています」という通報（電子メール）が、男性社員Tさんから社内相談窓口に届きました。

　社内相談窓口としては、早急に対応する必要性を感じてすぐに動き出しましたが、Tさんについては以前にも上司から相談を受けていました。

　Tさんは、いまの部署に異動した直後に休みをとりました。そのときに、Tさんから上司に「体調不良で休みます。何かの影のようなものが追いかけてきます、襲われるかもしれません」という電話があり、心配になった上司は社内相談窓口に、Tさんの様子を伝えていました。当時、社内相談窓口は安全配慮の観点から、Tさんに対して「産業医と面談してほしい」と伝えましたが、Tさんからはなんの返事もありませんでした。

　Tさんは、前の部署では同僚からさまざまにフォローをしてもらっていたようですが、そうしたことが新しい職場には伝わっていなかったため、職場環境が変わったことで調子が悪くなったようです。

　社内相談窓口は、Tさんからの訴えを受けて、異動前と現在の職場の人たちにヒアリングをしてストーカー被害を受けているのかどうかを調べましたが、その事実は見つかりませんでした。その結果を「調べた限りではそのような事実は見当たらないが引き続き確認していく。会社はこれからも見守っていくので安心してほしい」旨を電子メールで送りました。

　その後、Tさんから、公益通報者保護制度を使って会社に業務指導を求めたというメールが入りました。

1 被害妄想の疑いのある人からの訴えも真剣に受けとめる

パワハラに対して、「この程度のことは、大した問題ではない。被害妄想だ」という見方をする人がいます。ほとんどのケースでは、被害妄想などではなく、実際に何らかの被害を受けています。ただ、ごくまれに、被害妄想の疑いのある人からの相談があるのも事実です。事前にそのような情報を得ているときには、まずは「真剣に受けとめました」と伝えることが必要です。

訴えを受けたときには、「相談を受け取りました」という返事を、相手が誰であれ必ず返します。「被害妄想だ」と相手を否定するのではなく、「しっかり調査します」という返事をすることが大切です。

2 公益通報窓口からの連絡にも会社として対応する

このケースのように、社外の公益通報窓口への申し出があり、そこから社内相談窓口や人事部門に連絡がくることもありえます。会社としては、通報内容がおかしいと思っても、対応する責任があります。会社がきちんと対応していたことを伝えると公益通報窓口側も安心し、理解してくれて、それ以上に問題を調査せずに終了する例もあります。

3 家族に相談して治療に専念してもらう方向に進める

本人に了解を得られなくても、自傷他害などの懸念がある場合には、家族に連絡して協力をお願いし、産業医、精神科医、カウンセラーとも相談しながら対応します。

このケースに関しては、産業医（精神科医）の意見は、精神疾患の可能性があるというもので、薬を飲むと症状が落ち着くなど、疾患についての詳細な説明が人事部門に対して行なわれました。

コラム3　パワハラは部下のエネルギーを奪う

　「良くない人間関係は強い影響力があって、人のエネルギーを奪う力が大きい」

　これは『Think CIVILITY―「礼儀正しさ」こそ最強の生存戦略である』（クリスティーン・ポラス著）に出てくる言葉です。「礼儀正しさ」はけっして時代遅れの行動様式ではありません。ここではさまざまな例をあげて、礼儀正しさの真逆である無礼な態度や言動はハラスメントを行なっていることだと強調しています。

　これからのウィズコロナ時代には、会社も個人も生き延びるための競争が激しくなることでしょう。成果を求める上司の圧力はさらに強まり、目に見える結果だけが評価されるようになったり、上司が自分の評価だけを重視して、部下の能力を開発するという本来の役割を果たすどころではなくなってくるかもしれません。

　今般、パワハラ防止法は施行されましたが、パワハラなのか強い指導の範囲内なのかの線引きには依然としてグレーゾーンが存在します。人を傷つけ、就業環境を害し、新規の事業に挑戦する意欲やエネルギーを奪っていないか？　このような点から、上司だけでなく、指導する立場にいる人はすべて自分の言動を振り返ってみる必要があります。

　いま、企業という組織体における人間関係の質がますます問われているのです。

第5章

こじらせない!
相談はこうして話を聴く

ハラスメント相談は職場の人間関係の縮図ともいえるものですか
ら、一筋縄でいかなくて当然です。なぜ関係がこじれてしまうの
か、その要因を把握することから、話を聴くためのポイントを探
っていきます。

1　ハラスメントの対応を1対1で 仕切ろうとしない

　パワハラについて部下から相談を上司が受けることは、珍しくはありませんが、そんなときについ「あなたにも注意することがあるんじゃないか」と上司自身の意見を言ってしまうことは厳禁です。上司は相談窓口担当者の役目を担うべきであり、コンプライアンス（懲罰）委員会がすべき判断や注意・指導までをも1対1で行なってしまうと、部下は上司の対応に不満を持ち、上司を逆にパワハラで訴えることにつながりかねません。会社では問題を解決できないと外部に相談することも起こりえます。

　上司が部下からパワハラではないかと相談を受けたときには、自身の個人的判断はせず、部下の了解を得たうえで相談窓口につなぐ必要があります。相談窓口担当者はあらためてヒアリング（事実確認）を行ない、その内容をコンプライアンス（懲罰）委員会に送り、組織としての判断を仰ぎます。

　相談窓口担当者にも、「事実の確認」という役割を逸脱して判定までを行ない、問題を完結させようとすることが起こりえます。相談を受けた者が1対1の枠内で解決をはかろうとする行為は、相談担当者の熱意ではなく、ハラスメントの問題を軽視していることにほかなりません。また、相談者の話をよく聞いたつもりにすぎない聴き方は、相談者との関係をこじらせることにつながりかねず、相談者（被害者）にも行為者とされた人にも不満が残ります。相談担当者は、役割を自覚して話を聴かなければいけないのです。

　今日、相談窓口の人員の整備が課題になっています。相談内容によって、男女の相談員が必要です。複数の相談員が一人の被害者または行為者と面談することが、公平な事実確認のためにはどうしても欠かせません。ハラスメントの対応はチームで行なうことが原則です。

2　ハラスメントで受けたダメージと
　　深刻さを軽くみない

　コンプライアンス（懲罰）委員会がハラスメント行為者と認めたにもかかわらず決定（処分）を履行していない状態が続くことがあったとします。たとえば、上司によるハラスメントの訴えがあり、相談窓口担当者が行為者とされた人にヒアリングをしたところ、「酒を飲んでいたのでよく覚えていない」と言われ、一方で被害者には上司を貶めるような疑いがないことが何度もの事実確認から明確になり、総合的に判断して委員会がハラスメントと認めました。委員会の責任者が行為者に出勤停止と降格の処分をして異動を伝えたところ、「自分は何もやっていない。ハラスメントという判断には納得できない」と全面否定してメンタル不調を理由に休みはじめ、異動を発令できていないようなケースです。

　これは結果として、会社側が被害者の訴えを認めないことであり、行為者を甘く処分しているとして、会社側に使用者責任が問われかねない事態です。窓口担当者としては、行為者が納得しない要因は何だったのか、行為者の発言（当初の「よく覚えていない」から「やっていない」までの変遷）を分析するとともに、決着が長引く場合はコンプライアンス（懲罰）委員会から被害者に進捗状態を十分に説明します。

　被害者は一向に解決されない悩みを一人で抱え込んで心身に不調をきたして二次被害が生じるなど、さらに深刻な状況を呈しかねません。

　また、相談窓口担当者は、行為者や第三者へのヒアリングの際は秘密保持を厳守させ、口外を禁止します。噂の形で被害者をさらに傷つけることが多いからです。行為者本人が自分を正当化するために噂話を流すこともあり、委員会や相談窓口には毅然とした対応が求められます。

　ハラスメント被害の深刻さとダメージの大きさをしっかり受けとめることが何より大切です。

3 相談の初回聴き取りと最終報告を
おろそかにしない

　被害者も行為者も、初回のヒアリング（事実確認）での言葉とその時の感情などがもっとも重要な情報となることが多いことから、相談担当者は、最初に語られたことをそのまま受けとめて、正確を期するために確認する必要があります。

　本来、記憶とは曖昧なものであり、相談担当者が発する質問に対して答えた内容は正確でないことが多いといわれています。そのためヒアリングは、相談窓口担当者を交代して2～3回、行なうこともあります。行為者はヒアリングの場に呼び出されただけでも精神的に動揺しています。初回には、どうやってヒアリングから逃げられるかを考え、2回目以降は開き直って一切を否認することも少なくありません。先入観に惑わされることなく、事実と感情、感想や意見とを混同せずに話を聴くためには、ある程度の専門的なトレーニングが欠かせません。

　ハラスメントの有無は、当事者、第三者からの当事者間の関係などのヒアリング結果などを総合して、コンプライアンス（懲罰）委員会が判断します。判断した結果は、コンプライアンス（懲罰）委員会の責任者が被害者に伝えます。この点は、必ず守ってください。そしてパワハラと判断された場合は、被害者に対しても、行為者に対しても「管理者・指導者として不適切な言動をしたと認められるので、パワハラと決定した」ことを毅然とした態度で説明します。このような言明は、自分の所属する会社の中でハラスメントが行なわれることをけっして許さないという意思表示であり、この会社のコンプライアンス文化を守ることです。それを当事者、通報者、関係者に明確に伝えます。

4 被害者と行為者の言い分の不一致を聴き取る

　ハラスメントの多くが１対１の状態で行なわれます。また第三者が関与していない外部でなされるケースもあります。だれも見ていないので証拠も少なく、音響証拠（録音）もないことがほとんどです。つまり、一般的には被害者と行為者の双方の言い分がまったく異なります。

　相談窓口は被害を訴えた側を先に、次いで行為者とされる人の話を聞きますが、明確な証拠でもない限り、双方の話が一致することは、なかなかありません。同じような言動であっても受け取る側の感じ方は異なります。人によって価値観も千差万別です。普段から信頼関係ができているかどうか、その時の状況などによっても、違ってきます。そのため、第三者の意見を聞こうと周辺者からのヒアリングをした結果、かえって事情が複雑になることさえあります。「言った」「言わない」、そのつもりが「あった」「なかった」など、白か黒かという狭い基準で判断したり、中途半端な妥協をはかろうとしても、不毛な押し問答になるだけだと覚悟することが必要です。

　相談窓口は双方の言い分の交通整理（一次対応）に徹して、コンプライアンス（懲罰）委員会などの上部組織に回さざるをえないことが多いと思いますが、相談窓口でどのような対応を受けたか、つまり事務的な事情聴取や取り調べをされたと思うか、丁寧に言い分を拾い上げてくれた、気持ちを大事に聴き取ってくれたと感じるかによって、上記の委員会で被害者や行為者が発言する際の態度や姿勢にも違いが出てきます。相談窓口での聴き取りが、その後の行動にとって重要なワンクッションとなるように心して対応することが、窓口担当者の聴き方になります。

5 ハラスメントの訴えへの対応は
　　先延ばしにしない

　ハラスメントの被害者は相談を決意するまでにさんざんに迷い、時間が経っている場合がほとんどですから、相談があった時点で担当者は対応を急ぐことが必要です。相談を受け付けてから3ヵ月を超えたら、当事者同士ばかりか、被害者と相談窓口の関係までも、こじれることが多くなります。

　対応が遅れる理由の一つに、相談窓口担当者が相談業務以外の仕事を抱えていて多忙ということがあるでしょう。人事総務部門の社員が窓口担当者を兼務していることも少なくありません。しかし「パワハラ防止法」が成立し、相談窓口の設置が義務づけられましたので、相談窓口を独立した組織として位置づけるとともに、人員を充実させることが望まれます。

　また別の理由として、被害者はパワハラの事案として受理され、相談窓口が行為者へのヒアリングを始めることを望んでいるのに、相談窓口担当者がこんな問題で行為者にヒアリングを行なえば全面否定されるだけだと思って先延ばしにしていることがあげられます。行為者へのヒアリングはむずかしいため、相談窓口担当者の負担は大きいものがありますが、ヒアリングはハラスメントの問題対応に欠かせません。

　これらのほかに起こりがちな理由として、行為者が仕事の成果をあげた人なので会社幹部から大事（おおごと）にするなと圧力がかかり、相談窓口がヒアリングを行なわず、被害者にも途中経過をまったく説明しないようなこともあります。

　対応が遅れている理由はどうであれ、訴えへの対処が先延ばしされていると被害者が感じるならば、会社は責任逃れをしているだけだと判断して外部の相談機関に訴え出ることになりがちです。

6 ハラスメント行為者の処分だけで終わらせない

　ハラスメントの行為者に対して会社は厳重注意、出勤停止、降格、論旨解雇、懲戒解雇の処罰をしています。異動は処罰ではありませんが被害者との接点を外すために多く行なわれています。

　現状では、このような処分を下して当事者に伝えるだけで終わっているようですが、職場の人間関係のこじれが残っているのに、そのこじれには配慮しないままになっていることがあまりにも多いように見受けられます。とりわけ、行為者を異動させても短い期間で被害者と接点のあるような部署に戻す会社は、あまりにも無神経です。

　パワハラ行為者には再犯（再発）が多いことが知られています。それは、行為者への詰めの甘い会社対応やコンプライアンス（懲罰）委員会のなれあいの対応が原因の一つといわれていますので、会社という組織自体に未解決の問題があるという意識を持つ必要があります。また、社内で同様の問題が多発しているにもかかわらず、効果的な教育の機会を活用できていないことに対する危機意識の乏しさも関係があるでしょう。

　筆者がかかわった相談例に、行為者が異動先で、「俺はできない部下を熱心に指導しただけなのにハラスメントで訴えられた。貧乏くじを引いただけだ！」と話したというものがありました。こういう話はすぐ被害者に伝わるものです。その後の行為者の態度は、被害者をさらに追い込み、いっそう深刻な事態を引き起こすことになりかねません。そうなれば企業名が公表されたり、企業自体の評価を傷つけたりすることも起こります。

　行為者個人への教育は不可欠ですが、行為者を生み出す組織全体を見直すことが何より重要です。

7　ハラスメントの訴えの本質を見誤まらない

　ハラスメントになるのか、それとも業務に必要かつ適切な指導かについての線引きを明確にすることは、多くの事例を見てもむずかしいものです。相談者の訴えを窓口が受けとめて当事者や第三者にヒアリングを行なった結果、最初に行為者とみなされた人こそが最大の被害者だったと判明した例もあります。

　これまでに何度も職場の人間関係をかき回してきて「腫れ物」扱いされているような人が相談に訪れたとしても、必要な対応はしなければなりません。相談者には、行為者とされている人のどのような言動を改善してほしいのかをあげてもらい、後日の面談時には、それについて通常どおりの対応をしたことを伝えることが必要です。

　ただし、相談者がそれで納得しなかった場合に、「そのような事実は認められなかった、そのように受け取るあなたの側こそ問題があったのではないか」と、客観的・第三者的に伝えるのがいいとは限りません。事実か否か、シロクロの決着をつけるような対応をすると、たいてい、こじれます。

　相談者が、被害妄想的とはいわないまでも、どうみても事実ではないことをパワハラとして訴えている場合、何かしら窮屈に感じさせる出来事が最近、生じていないかを相談者に聴いてみると、パワハラを訴えたいのではなく、別のイベントや困りごとが話題になってくることがあります。パワハラの訴えに端を発していても、その背後にある別の悩みを浮き彫りできずに対応してしまうと、話がこじれるだけです。

　相談者自身に問題があると考えられる場合には、まずは訴えた問題を受けとめ、そのうえで相談者の問題に対応するという手順を必ず踏んでください。

第6章

社内研修のポイント

厚生労働省の「パワハラ指針」では、研修によって全社員に対する周知を徹底するよう具体的な対応例をあげています。本章ではあらためて留意点を確認します。

1 管理職に対する研修のポイント

研修では「会社の評判」ばかり強調しない

　ハラスメント防止について管理職研修や社員研修を通じてきちんと理解してもらうことが必要です。ただし、ハラスメントが外に訴えられることを恐れて、評判リスク（レピュテーション・リスク）ばかりを強調した研修を行なうことは、望ましくありません。

　社員が評判リスクばかり気にすると、問題を隠そうとするなど、コンプライアンスを浸透させた社内風土づくりがむずかしくなることがあります。

ハラスメントの実例を取り上げる

　「指導」という名目で常識を超えたハラスメントが行なわれている例もあります。部下である被害者は、行為者である上司に指導してもらわないとやっていけない弱い立場にあり、相談窓口に申し出るにはかなり心理的な抵抗があります。また、指導は1対1で行なわれることが多いために、第三者がその実態を知ることは容易ではありません。

　どこまでの範囲が「指導」になるかは、業務の種類によって変わってきます。安全を重視しなければいけない職場においては、より厳しい言動でも、「安全を守るために必要な言動」と判断される場合もあります。

　研修のテーマとして、どこまでが「指導」かについて実例をあげて話し合い、職場内である程度のコンセンサスを得ておくことが大切です。

ノルマ未達の責任を部下にだけ押しつけない

　たとえば、売り上げが低迷していることやノルマの未達に厳しく対処する必要があることは、職場のメンバー全員が認識しなければなりません。

　しかし、上司が暴言や身体的暴力をふるってでも部下に目標を達成させるという考え方などは、今日では許されません。

仮に営業成績が不振という場合、上司と部下の両方に責任があることを理解しないと、ハラスメントが起こりやすくなります。管理職研修においては、その点についても伝えていくことが大切です。

対応を現場の上司任せにしない

　ハラスメントの問題は、現場の上司に相談される場合も多く、上司が相談窓口に情報を入れずに、自分の判断で収めようとするケースも見受けられます。

　訴えた被害者は、いきなり相談窓口に訴えるよりも、まずは上司に相談することで筋を通しているわけですから、職場のことをかなり考えてくれているのだと推測できます。

　しかし、その上司に「この程度のことはしょうがない」といった軽い扱いをされると、「この職場では解決できない」という気持ちになります。その後に社内相談窓口に相談してくれればいいのですが、すでに不信感が生まれていますので、会社外に訴える可能性もあります。

　また、現場任せにすることは、問題解決を遅らせるおそれがあります。上司に相談があった場合も、その上司が本人の了解を得たうえで必ず社内相談窓口に連絡し、窓口と協力しながら対応するというルールを決めておくべきです。

噂もハラスメントになりうる

　ある女性は、自分の社内恋愛についての話が飲み会の席で噂になっていたことを同僚から聞きました。女性は上司に、この噂話を流した人に注意をしてほしいと依頼しましたが、上司は訴えを放置しました。

　このような対応は、プライバシーの侵害を放置したという意味で、ハラスメントになることを認識しなければなりません。ハラスメントとなりうる言動についての相談を上司が受けた場合には、社内相談窓口へ相談するように促します。

実例に基づいたグループ討議で上司としての対応を学ぶ

　研修プログラムにはグループ討議を取り入れ、まず最初に「部下や後

輩から相談があった場合の対応」「話を聴くことの基本と陥りやすい失敗」などを学んだうえで、上司に相談があった事例についてグループで意見交換をするとよいでしょう。

部下や後輩が人間関係で悩んでいたら、当人のモチベーションが落ち、十分な能力が発揮できないばかりか、まわりの者に与える影響も少なくありません。少しでも気になる言動があったら、まずは話しかけてみましょう。むずかしい取引先との折衝で苦労している部下がいたら「大丈夫か？」「ちょっと状況を聞かせてほしい」などとたずねてみます。相性の悪い人とペアになっている後輩がいたら「気にしているよ」などと声をかけて気持ちを楽にしてもらいましょう。そういう日頃の心配りが、部下や後輩からの相談につながります。

相談を受けたときは、日常会話より少し共感的態度を意識し、自分の何か言いたい気持ちは抑えて相手の話に耳を傾けます。「誰でもそのくらいのことはあるよ」「そんなことくらいで悩んでいるようでは、この先やっていけないよ」といった発言は相手を傷つける可能性があります。そして自分だけで対応できるかどうかを考え、その範囲を超えていたら、本人の了解を得て上司に話し、さらに相談窓口につなぎます。

ハラスメントの問題は当事者同士での解決はむずかしく、組織としての対応が求められます。相談を受けたときは、「一度、相談窓口に相談してみてはどう？」などと相手の意向を確認してください。相手がどうしようか迷っているときこそ、できるだけ早めに相談窓口につなぎましょう。緊急性が高いと思われる場合には、相手の名前を伏せたうえで、相談窓口に連絡して「こういう人がいますが、どうしたらいいでしょうか」と相談窓口担当者の支援を受けながら対応を考えていきます。

上司が1人でかかえ込まず早くから相談窓口、そして人事に情報を提供しておくことを勧める理由は、異動や処分が必要になったときにスピーディに対応できるからです。

2　一般社員に対する研修のポイント

社内恋愛も環境型ハラスメントになりうる

　社内恋愛もハラスメントになりえます。たとえば、「2人が親密な態度で頻繁に仕事以外の話をしていて気になる」など、社内恋愛について上司や相談窓口に相談があったときは、社会常識に照らし合わせて検討します。

　社内恋愛が職場の秩序を乱していることが明らかな場合には、他の人たちも不快に感じている可能性がありますので、環境型のハラスメントになることもあります。

外部との関係でもハラスメントは起こる

　外部の人との関係においても、ハラスメントは起こります。

　社員がハラスメントを受けたと思われる場合は、相手が取引先であっても、取引先に伝えてきちんと対処してもらわなければなりません。この点は、法令で規定されています（安全配慮義務）。

　反対に、下請け企業の担当者などに対して、自社の社員がハラスメント的なことをするケースも起こりえます。この場合は、直属の上司が相手企業に出向いて謝罪をして、処分内容と今後の改善策などを伝え、二度とそのようなことを起こさないことを約束する必要があります。そうした態度は、相手からの信用を高めることにもつながります。

採用時のパワハラはまたたく間に拡散する

　採用時にもハラスメントは起こります。就活する学生に対して、セクハラをした、パワハラをしたという例が、ときどき報道されています。優位な立場にあることを利用した、こうした言動は許されるものではなく、厳正な処分をするべきです。また、学生は口コミのネットワークが発達しているため、会社の信用を著しく落とすことになります。

　ある会社では販売員を募集し、入社後にその人がトランスジェンダー

であることがわかりました。戸籍上は男性ですが、履歴書には女性と書いてありました。社内で検討した結果、本人が継続して働くことを強く望んでいたため、そのまま働いてもらうこととし、トイレや更衣室などは本人の希望を尊重して必要な措置を取りました。

　採用時に、LGBTの人を差別するというケースは起こりえますので、その点にも十分に留意して、採用時からハラスメントをなくしていく必要があります。

被害を受けたときは相談できる社内リソース（資源）を探す

　ハラスメントを受けた当事者（被害者）は、その動揺のため、会社を辞めるか、外部に訴えるかといった両極端な行動を取りがちですが、まずは社内にある利用できるリソースを探してみましょう。相談窓口はもちろんのこと、信頼できる同僚や先輩、上司も重要なリソースです。

　今日、企業内で個人の人権やダイバーシティの問題を尊重する気運が高まっていることもあり、社内相談窓口は責任を持って対応にあたってくれるはずです。それは企業が、自社のイメージアップ戦略の一環として相談窓口対応に力を入れていることもありますが、それだけでなく、会社として問題解決の責任を果たすことを自覚していることの表われでもあり、企業相談窓口を通じてトラブルの解決に近づくことが、働きやすい職場環境にもつなげられるからです。

　ただし、社内で相談窓口の存在は周知されていても、どういうプロセスを経て問題解決に至るかは、ほとんど知られていません。相談窓口の利用者がなかなか増えない一因がここにあります。企業としては、個人情報に十分に配慮したうえで、本書で紹介したような成功例、失敗例を交えて、相談の流れや途中経過をオープンにすることで、社員が相談窓口の機能に信頼を寄せられるようにすることが求められます。

　ハラスメントはだれもが被害者になる可能性があります。同様に、だれもが意図的ではないにしても加害者となりえます。そのため、トラブルに遭遇した際の合理的な解決法を知っておくことは大変有益なのです。

3 相談窓口担当者の役割と育成

初回相談時に相談窓口担当者は自己紹介を

相談窓口はヒアリングをする場ですが、基本的な対応は、カウンセリングの手法と共通しています。

カウンセリングにおいては、カウンセラーとクライエント（相談者）が相互信頼関係をつくることが必要不可欠です。そのために相手を一人の人間として尊重することをもっとも重視します。

筆者の場合、ヒアリングを始める前に、「私はこの会社で○年、カウンセリングの仕事をしています。私は会社側の人間ではありませんが、会社の歴史や内輪のことをよく聞いています」と伝え、相手との信頼関係をつくるために、自分のことを説明しています。

社内相談窓口の担当者と相談者（被害者）が、お互いに知っているケースもありますので、詳しい自己紹介の必要はないかもしれませんが、初対面の場合や、社外相談窓口の担当者は、きちんと自分の役割と権限を説明する必要があります。それが、相談者との関係をつくっていくうえでの第一歩です。

なお、相談窓口の担当者が知り合いだと、相談しづらくなることがあります。同様の理由から、本人の先輩や上司が相談にのることを勧められない場合があります。

早急な結論づけをしない

相談窓口担当者の中には、被害者が自分に起こった問題を拡大解釈をして訴えてきていると思い込んで、否定的な態度になる人もいます。それが相手を刺激してしまうこともあり、そうなると問題がかえってこじれてきます。少しオーバーではないかと思ったとしても、相談窓口担当者は申し立て者の話を十分に聴くことが必要です。相談窓口担当者が結論を急ぐと深刻化することがありますので、注意してください。

事実関係だけでなく感情面も聴く

いやがらせの言葉の中には曖昧な表現もあります。「どういう言い方をされましたか？」と聞いて、具体的な言葉を聞き出すことにウエートをおいてしまう相談窓口担当者を見かけます。もちろん、事実確認として重要なことですが、被害者がいやがらせの言葉を浴びせられたときの感情面を受けとめることも大切です。

「本当にショックでした」と言われたとしたら、「そうだったのですね」とショックを受けた気持ちをしっかりと聴いて、受けとめます。それができると、次のステップにつなげられます。

窓口の対応は必ず職場に伝わる

被害者にも問題があるかのような発言を相談窓口担当者がしてしまうと、相談してくれた被害者は、二次被害やセカンド・ハラスメントを受けたと感じるかもしれません。

そうすると、二度と相談してはもらえません。さらに、相談窓口のマイナスの PR もされかねません。

相談窓口の初動が、その後の推移を大きく左右します。

むずかしいケースでも匙を投げない

相談の中には、対応が非常にむずかしそうに思えるケースも出てきます。しかし、どんなにむずかしそうな問題であっても、匙を投げたようなことを言ってはいけません。

被害者は救いを求めてきているわけですから、それを突き放してしまうと、被害者にとって心理的に大きなダメージとなります。これも、二次被害やセカンド・ハラスメント的に受けとめられるかもしれません。

相談窓口担当者は「むずかしい問題だと思いますが、一緒に考えて対応していきましょう」と受けとめ、少しでも解決に近づける努力をすることが大切です。

チームとして対応する

社内相談窓口の担当者だけでは解決できない問題もあります。産業医、

コンプライアンス担当、社外相談窓口への相談が必要なケースも出てきますので、それらを念頭において、特定のチーム内で秘密をお預かりするという意味で「チーム内守秘義務」のルールを決めておくべきです。

　被害者には、その点についてきちんと理解してもらう必要があります。そこで、会社としての対応となること、対応チーム内では話し合うことがある点を伝えて、了承してもらいましょう。了承してもらえない場合でも、緊急性が高いと判断した場合は、産業医などのキーパーソンに伝えて、被害者の安全を守るための措置を取ることは可能です。

■ 相談窓口の対応は、モノサシを一本にして公平性を保つ

　相談を受けるにあたっては公平性が必要です。社内で評価の高いＡさんが相談したときと、評価の低いＢさんが相談したときの対応に差があってはいけません。また、行為者とされる側に対しても、仕事のできる優秀な上司のＣさんに対する処分は甘く、普通くらいの実績の上司Ｄさんの処分は厳しくするということがあってはなりません。

　公平性を保つには、相談のやり方と対応が統一されていることが必要です。組織のモノサシを一本にすれば、行為者とされる人から、「ヒアリングで逆パワハラを受けた」などと言われる可能性は減ってきます。

　また、行為者の社内での評判やヒアリング中の態度などにより、相談窓口担当者にマイナスのイメージを与えることがあります。相談窓口担当者は、このような影響があることを認識したうえで、過去の事例も参考にして、公平性の担保にあたります。

　なお、対応事例の記録については秘密性の高い個人情報に当たるため、必ず鍵のかかるロッカーなどに保管します。

　相談窓口が社員の人たちから信頼してもらうには、公平性を保つことが不可欠です。

■ 人事部門、コンプライアンス（懲罰）委員会との連携

　相談窓口でヒアリングを行なったあとは、パワハラかどうかの判定の段階に入ります。判定する部門・組織は会社の規模などによってまちま

ちです。相談窓口担当者が、人事部門での判定の担当と兼務する場合も
ありますが、多くの会社では、相談窓口担当者とは別に、人事部門にコ
ンプライアンス（懲罰）委員会が設けられています。あるいは経営者、
法務部門の責任者などが加わって別途、コンプライアンス（懲罰）委員
会が設けられている会社もあります。

　相談窓口担当者は会社のコンプライアンス（懲罰）委員会等に報告を
し（あるいは参加をし）、パワハラかどうかの判定をあおぎます。

事例研究（グループ討議とロールプレイ）

　実際に社内で起きた事例、あるいは本書で取り上げた事例をもとにグル
ープで討議することが有益であり、ロールプレイを通じてヒアリングの基
本と陥りやすい失敗について学ぶことをお勧めします。

　ロールプレイとは、ドラマの形式を用いた集団心理療法（心理劇）で使
われるようになった技法のひとつです。自発的即興的にある役割を演ずる
ことは、知的な理解を情緒的な体験にまで深めるので、それまでの行動や
態度を変えるきっかけとなることが多いといわれています。それを研修の
プログラムとして採用するときは、相談窓口担当者のトレーニングを主た
る目的とします。シナリオをもとに、相談窓口担当者が被害者役の人、行
為者役の人それぞれと面談しながら、基本的な面接技法を学びます。あわ
せて、被害者や行為者の気持ちを体験的に知ることもできます。

　実際にロールプレイを行なった企業のアンケートでは、

◆ロールプレイを行なって実感がわいた

◆行為者に対するヒアリングがむずかしく、相談窓口担当者の負担は大き
　く、スキルを身につけるのもむずかしい

◆このような研修を受けて相談に臨むのとそうでないのとでは大きな違い
　があると思った

◆行為者ヒアリングで高圧的な人からヒアリングをしなければならない状
　況になったら負けそう

◆相談窓口担当者の育成にはロールプレイが欠かせないと思った。被害者
　と行為者に事実確認をする重要性を実感できた

などが寄せられ、効果が上がったことがわかります。

第7章

参考資料

「職場におけるパワーハラスメント」が法律において明文化され、ハラスメントは対人関係のトラブルにとどまるものではなく、事業主を含めた職場の構造的な問題として理解すべきであるという視点が示されました。真に効力のあるハラスメント対策を実施していくためには重要な意義をもつものです。

事業主が職場における優越的な関係を背景とした言動に起因する問題に関して雇用管理上講ずべき措置等についての指針（抄）

（令和２年厚生労働省告示第５号）

1 はじめに

　　この指針は、労働施策の総合的な推進並びに労働者の雇用の安定及び職業生活の充実等に関する法律（昭和41年法律第132号。以下「法」という。）第30条の２第１項及び第２項に規定する事業主が職場において行われる優越的な関係を背景とした言動であって、業務上必要かつ相当な範囲を超えたものにより、その雇用する労働者の就業環境が害されること（以下「職場におけるパワーハラスメント」という。）のないよう雇用管理上講ずべき措置等について、同条第３項の規定に基づき事業主が適切かつ有効な実施を図るために必要な事項について定めたものである。

2 職場におけるパワーハラスメントの内容

（1）職場におけるパワーハラスメントは、職場において行われる①優越的な関係を背景とした言動であって、②業務上必要かつ相当な範囲を超えたものにより、③労働者の就業環境が害されるものであり、①から③までの要素を全て満たすものをいう。

　　なお、客観的にみて、業務上必要かつ相当な範囲で行われる適正な業務指示や指導については、職場におけるパワーハラスメントには該当しない。

（2）「職場」とは、事業主が雇用する労働者が業務を遂行する場所を指し、当該労働者が通常就業している場所以外の場所であっても、当該労働者が業務を遂行する場所については、「職場」に含まれる。

（3）「労働者」とは、いわゆる正規雇用労働者のみならず、パートタイム労働者、契約社員等いわゆる非正規雇用労働者を含む事業主が雇用する労働者の全てをいう。

　　また、派遣労働者については、派遣元事業主のみならず、労働者派遣の役務の提供を受ける者についても、労働者派遣事業の適正な運営の確保及び派遣労働者の保護等に関する法律（昭和60年法律第88号）第47条の４の規定により、その指揮命令の下に労働させる派遣労働者を雇用する事業主とみなされ、法第30条の２第１項及び第30条の３第２項の規定が適用されることから、労働者派遣の役務の提供を受ける者は、派遣労働者についてもその雇用する労働者と同様に、３（1）の配慮及び４の措置を講ずることが必要である。なお、法第30条の２第２項、第30条の５第２項及び第30条の６第２項の労働者に対する不利益な取扱いの禁止については、派遣労働者も対象に含まれるものであり、派遣元事業主のみならず、労働者派遣の役務の提供を受ける者もまた、当該者に派遣労働者が職場におけるパワーハラスメントの相談を行ったこと等を理由として、当該派遣労働者に係る労働者派遣の役務の提供を拒む等、当該派遣労働者に対する不利益な取扱いを行ってはならない。

（4）「優越的な関係を背景とした」言動とは、当該事業主の業務を遂行するに当たって、当該言動を受ける労働者が当該言動の行為者とされる者（以下「行為者」という。）に対して抵抗又は拒絶することができない蓋然性が高い関係を背景として行われるものを指し、例えば、以下のもの等が含まれる。

　　・　職務上の地位が上位の者による言動

　　・　同僚又は部下による言動で、当該言動を行う者が業務上必要な知識や豊富な経験を

有しており、当該者の協力を得なければ業務の円滑な遂行を行うことが困難であるもの
　・　同僚又は部下からの集団による行為で、これに抵抗又は拒絶することが困難であるもの
(5)「業務上必要かつ相当な範囲を超えた」言動とは、社会通念に照らし、当該言動が明らかに当該事業主の業務上必要性がない、又はその態様が相当でないものを指し、例えば、以下のもの等が含まれる。
　・　業務上明らかに必要性のない言動
　・　業務の目的を大きく逸脱した言動
　・　業務を遂行するための手段として不適当な言動
　・　当該行為の回数、行為者の数等、その態様や手段が社会通念に照らして許容される範囲を超える言動
　　この判断に当たっては、様々な要素（当該言動の目的、当該言動を受けた労働者の問題行動の有無や内容・程度を含む当該言動が行われた経緯や状況、業種・業態、業務の内容・性質、当該言動の態様・頻度・継続性、労働者の属性や心身の状況、行為者との関係性等）を総合的に考慮することが適当である。また、その際には、個別の事案における労働者の行動が問題となる場合は、その内容・程度とそれに対する指導の態様等の相対的な関係性が重要な要素となることについても留意が必要である。
(6)「労働者の就業環境が害される」とは、当該言動により労働者が身体的又は精神的に苦痛を与えられ、労働者の就業環境が不快なものとなったため、能力の発揮に重大な悪影響が生じる等当労働者が就業する上で看過できない程度の支障が生じることを指す。
　　この判断に当たっては、「平均的な労働者の感じ方」、すなわち、同様の状況で当該言動を受けた場合に、社会一般の労働者が、就業する上で看過できない程度の支障が生じたと感じるような言動であるかどうかを基準とすることが適当である。
(7) 職場におけるパワーハラスメントは、(1)の①から③までの要素を全て満たすものをいい（客観的にみて、業務上必要かつ相当な範囲で行われる適正な業務指示や指導については、職場におけるパワーハラスメントには該当しない。）、個別の事案についてその該当性を判断するに当たっては、(5)で総合的に考慮することとした事項のほか、当該言動により労働者が受ける身体的又は精神的な苦痛の程度等を総合的に考慮して判断することが必要である。
　　このため、個別の事案の判断に際しては、相談窓口の担当者等がこうした事項に十分留意し、相談を行った労働者（以下「相談者」という。）の心身の状況や当該言動が行われた際の受け止めなどその認識にも配慮しながら、相談者及び行為者の双方から丁寧に事実確認等を行うことも重要である。
　　これらのことを十分踏まえて、予防から再発防止に至る一連の措置を適切に講じることが必要である。
　　職場におけるパワーハラスメントの状況は多様であるが、代表的な言動の類型としては、以下のイからヘまでのものがあり、当該言動の類型ごとに、典型的に職場におけるパワーハラスメントに該当し、又は該当しないと考えられる例としては、次のようなものがある。
　　ただし、個別の事案の状況等によって判断が異なる場合もあり得ること、また、次の例は限定列挙ではないことに十分留意し、4(2)ロにあるとおり広く相談に対応するなど、適切な対応を行うようにすることが必要である。
　　なお、職場におけるパワーハラスメントに該当すると考えられる以下の例については、

行為者と当該言動を受ける労働者の関係性を個別に記載していないが、（4）にあるとおり、優越的な関係を背景として行われたものであることが前提である。

イ　身体的な攻撃（暴行・傷害）
　（イ）該当すると考えられる例
　　①　殴打、足蹴りを行うこと。
　　②　相手に物を投げつけること。
　（ロ）該当しないと考えられる例
　　①　誤ってぶつかること。

ロ　精神的な攻撃（脅迫・名誉棄損・侮辱・ひどい暴言）
　（イ）該当すると考えられる例
　　①　人格を否定するような言動を行うこと。相手の性的指向・性自認に関する侮辱的な言動を行うことを含む。
　　②　業務の遂行に関する必要以上に長時間にわたる厳しい叱責を繰り返し行うこと。
　　③　他の労働者の面前における大声での威圧的な叱責を繰り返し行うこと。
　　④　相手の能力を否定し、罵倒するような内容の電子メール等を当該相手を含む複数の労働者宛てに送信すること。
　（ロ）該当しないと考えられる例
　　①　遅刻など社会的ルールを欠いた言動が見られ、再三注意してもそれが改善されない労働者に対して一定程度強く注意をすること。
　　②　その企業の業務の内容や性質等に照らして重大な問題行動を行った労働者に対して、一定程度強く注意をすること。

ハ　人間関係からの切り離し（隔離・仲間外し・無視）
　（イ）該当すると考えられる例
　　①　自身の意に沿わない労働者に対して、仕事を外し、長期間にわたり、別室に隔離したり、自宅研修させたりすること。
　　②　一人の労働者に対して同僚が集団で無視をし、職場で孤立させること。
　（ロ）該当しないと考えられる例
　　①　新規に採用した労働者を育成するために短期間集中的に別室で研修等の教育を実施すること。
　　②　懲戒規定に基づき処分を受けた労働者に対し、通常の業務に復帰させるために、その前に、一時的に別室で必要な研修を受けさせること。

ニ　過大な要求（業務上明らかに不要なことや遂行不可能なことの強制・仕事の妨害）
　（イ）該当すると考えられる例
　　①　長期間にわたる、肉体的苦痛を伴う過酷な環境下での勤務に直接関係のない作業を命ずること。
　　②　新卒採用者に対し、必要な教育を行わないまま到底対応できないレベルの業績目標を課し、達成できなかったことに対し厳しく叱責すること。
　　③　労働者に業務とは関係のない私的な雑用の処理を強制的に行わせること。
　（ロ）該当しないと考えられる例
　　①　労働者を育成するために現状よりも少し高いレベルの業務を任せること。
　　②　業務の繁忙期に、業務上の必要性から、当該業務の担当者に通常時よりも一定程度多い業務の処理を任せること。

ホ　過小な要求（業務上の合理性なく能力や経験とかけ離れた程度の低い仕事を命じる
　　ことや仕事を与えないこと）
　　（イ）該当すると考えられる例
　　　①　管理職である労働者を退職させるため、誰でも遂行可能な業務を行わせること。
　　　②　気にいらない労働者に対して嫌がらせのために仕事を与えないこと。
　　（ロ）該当しないと考えられる例
　　　①　労働者の能力に応じて、一定程度業務内容や業務量を軽減すること。
ヘ　個の侵害（私的なことに過度に立ち入ること）
　　（イ）該当すると考えられる例
　　　①　労働者を職場外でも継続的に監視したり、私物の写真撮影をしたりすること。
　　　②　労働者の性的指向・性自認や病歴、不妊治療等の機微な個人情報について、当
　　　　該労働者の了解を得ずに他の労働者に暴露すること。
　　（ロ）該当しないと考えられる例
　　　①　労働者への配慮を目的として、労働者の家族の状況等についてヒアリングを行
　　　　うこと。
　　　②　労働者の了解を得て、当該労働者の性的指向・性自認や病歴、不妊治療等の機微
　　　　な個人情報について、必要な範囲で人事労務部門の担当者に伝達し、配慮を促すこと。
　　　この点、プライバシー保護の観点から、ヘ（イ）②のように機微な個人情報を暴露す
　　ることのないよう、労働者に周知・啓発する等の措置を講じることが必要である。
3　事業主等の責務
　（1）事業主の責務
　　　法第30条の3第2項の規定により、事業主は、職場におけるパワーハラスメントを
　　行ってはならないことその他職場におけるパワーハラスメントに起因する問題（以下
　　「パワーハラスメント問題」という。）に対するその雇用する労働者の関心と理解を深め
　　るとともに、当該労働者が他の労働者（他の事業主が雇用する労働者及び求職者を含む。
　　（2）において同じ。）に対する言動に必要な注意を払うよう、研修の実施その他の必要
　　な配慮をするほか、国の講ずる同条第1項の広報活動、啓発活動その他の措置に協力
　　するように努めなければならない。なお、職場におけるパワーハラスメントに起因する
　　問題としては、例えば、労働者の意欲の低下などによる職場環境の悪化や職場全体の生
　　産性の低下、労働者の健康状態の悪化、休職や退職などにつながり得ること、これらに
　　伴う経営的な損失等が考えられる。
　　　また、事業主（その者が法人である場合にあっては、その役員）は、自らも、パワー
　　ハラスメント問題に対する関心と理解を深め、労働者（他の事業主が雇用する労働者及
　　び求職者を含む。）に対する言動に必要な注意を払うように努めなければならない。
　（2）労働者の責務
　　　法第30条の3第4項の規定により、労働者は、パワーハラスメント問題に対する関
　　心と理解を深め、他の労働者に対する言動に必要な注意を払うとともに、事業主の講ず
　　る4の措置に協力するように努めなければならない。
4　事業主が職場における優越的な関係を背景とした言動に起因する問題に関し雇用管理
　上講ずべき措置の内容
　　事業主は、当該事業主が雇用する労働者又は当該事業主（その者が法人である場合にあ
　っては、その役員）が行う職場におけるパワーハラスメントを防止するため、雇用管理上

次の措置を講じなければならない。
（1）事業主の方針等の明確化及びその周知・啓発
　　事業主は、職場におけるパワーハラスメントに関する方針の明確化、労働者に対する
　その方針の周知・啓発として、次の措置を講じなければならない。
　　（以下略）
　イ　職場におけるパワーハラスメントの内容及び職場におけるパワーハラスメントを行
　　ってはならない旨の方針を明確化し、管理監督者を含む労働者に周知・啓発すること。
　　（以下略）
　ロ　職場におけるパワーハラスメントに係る言動を行った者については、厳正に対処す
　　る旨の方針及び対処の内容を就業規則その他の職場における服務規律等を定めた文書
　　に規定し、管理監督者を含む労働者に周知・啓発すること。
　　（以下略）
（2）相談（苦情を含む。以下同じ。）に応じ、適切に対応するために必要な体制の整備
　　事業主は、労働者からの相談に対し、その内容や状況に応じ適切かつ柔軟に対応する
　ために必要な体制の整備として、次の措置を講じなければならない。
　イ　相談への対応のための窓口（以下「相談窓口」という。）をあらかじめ定め、労働
　　者に周知すること。
　　（以下略）
　ロ　イの相談窓口の担当者が、相談に対し、その内容や状況に応じ適切に対応できるよ
　　うにすること。また、相談窓口においては、被害を受けた労働者が萎縮するなどして
　　相談を躊躇する例もあること等も踏まえ、相談者の心身の状況や当該言動が行われた
　　際の受け止めなどその認識にも配慮しながら、職場におけるパワーハラスメントが現
　　実に生じている場合だけでなく、その発生のおそれがある場合や、職場におけるパワ
　　ーハラスメントに該当するか否か微妙な場合であっても、広く相談に対応し、適切な
　　対応を行うようにすること。例えば、放置すれば就業環境を害するおそれがある場合
　　や、労働者同士のコミュニケーションの希薄化などの職場環境の問題が原因や背景と
　　なってパワーハラスメントが生じるおそれがある場合等が考えられる。
　　（以下略）
（3）職場におけるパワーハラスメントに係る事後の迅速かつ適切な対応
　　事業主は、職場におけるパワーハラスメントに係る相談の申出があった場合において、
　その事案に係る事実関係の迅速かつ正確な確認及び適正な対処として、次の措置を講じ
　なければならない。
　イ　事案に係る事実関係を迅速かつ正確に確認すること。
　　（以下略）
　ロ　イにより、職場におけるパワーハラスメントが生じた事実が確認できた場合におい
　　ては、速やかに被害を受けた労働者（以下「被害者」という。）に対する配慮のため
　　の措置を適正に行うこと。
　　（以下略）
　ハ　イにより、職場におけるパワーハラスメントが生じた事実が確認できた場合におい
　　ては、行為者に対する措置を適正に行うこと。
　　（以下略）
　ニ　改めて職場におけるパワーハラスメントに関する方針を周知・啓発する等の再発防

止に向けた措置を講ずること。
（以下略）
(4)（1）から（3）までの措置と併せて講ずべき措置
　　（1）から（3）までの措置を講ずるに際しては、併せて次の措置を講じなければならない。
　イ　職場におけるパワーハラスメントに係る相談者・行為者等の情報は当該相談者・行
　　為者等のプライバシーに属するものであることから、相談への対応又は当該パワーハ
　　ラスメントに係る事後の対応に当たっては、相談者・行為者等のプライバシーを保護
　　するために必要な措置を講ずるとともに、その旨を労働者に対して周知すること。な
　　お、相談者・行為者等のプライバシーには、性的指向・性自認や病歴、不妊治療等の
　　機微な個人情報も含まれるものであること。
　　（以下略）
　ロ　法第30条の２第２項、第30条の５第２項及び第30条の６第２項の規定を踏まえ、
　　労働者が職場におけるパワーハラスメントに関し相談をしたこと若しくは事実関係の
　　確認等の事業主の雇用管理上講ずべき措置に協力したこと、都道府県労働局に対して
　　相談、紛争解決の援助の求め若しくは調停の申請を行ったこと又は調停の出頭の求め
　　に応じたこと（以下「パワーハラスメントの相談等」という。）を理由として、解雇
　　その他不利益な取扱いをされない旨を定め、労働者に周知・啓発すること。
　　（以下略）
5　事業主が職場における優越的な関係を背景とした言動に起因する問題に関し行うこと
　が望ましい取組の内容
　　事業主は、当該事業主が雇用する労働者又は当該事業主（その者が法人である場合にあ
　っては、その役員）が行う職場におけるパワーハラスメントを防止するため、４の措置
　に加え、次の取組を行うことが望ましい。
(1)　職場におけるパワーハラスメントは、セクシュアルハラスメント（事業主が職場に
　おける性的な言動に起因する問題に関して雇用管理上講ずべき措置等についての指針
　（平成18年厚生労働省告示第615号）に規定する「職場におけるセクシュアルハラスメ
　ント」をいう。以下同じ。）、妊娠、出産等に関するハラスメント（事業主が職場におけ
　る妊娠、出産等に関する言動に起因する問題に関して雇用管理上講ずべき措置等につい
　ての指針（平成28年厚生労働省告示第312号）に規定する「職場における妊娠、出産等
　に関するハラスメント」をいう。）、育児休業等に関するハラスメント（子の養育又は家
　族の介護を行い、又は行うこととなる労働者の職業生活と家庭生活との両立が図られる
　ようにするために事業主が講ずべき措置等に関する指針（平成21年厚生労働省告示第
　509号）に規定する「職場における育児休業等に関するハラスメント」をいう。）その
　他のハラスメントと複合的に生じることも想定されることから、事業主は、例えば、セ
　クシュアルハラスメント等の相談窓口と一体的に、職場におけるパワーハラスメントの
　相談窓口を設置し、一元的に相談に応じることのできる体制を整備することが望ましい。
　　（以下略）
(2)　事業主は、職場におけるパワーハラスメントの原因や背景となる要因を解消するため、
　次の取組を行うことが望ましい。
　　（以下略）
(3)　事業主は、４の措置を講じる際に、必要に応じて、労働者や労働組合等の参画を得
　つつ、アンケート調査や意見交換等を実施するなどにより、その運用状況の的確な把握

や必要な見直しの検討等に努めることが重要である。なお、労働者や労働組合等の参画を得る方法として、例えば、労働安全衛生法（昭和47年法律第57号）第18条第1項に規定する衛生委員会の活用なども考えられる。

6　事業主が自らの雇用する労働者以外の者に対する言動に関し行うことが望ましい取組の内容

　　3の事業主及び労働者の責務の趣旨に鑑みれば、事業主は、当該事業主が雇用する労働者が、他の労働者（他の事業主が雇用する労働者及び求職者を含む。）のみならず、個人事業主、インターンシップを行っている者等の労働者以外の者に対する言動についても必要な注意を払うよう配慮するとともに、事業主（その者が法人である場合にあっては、その役員）自らと労働者も、労働者以外の者に対する言動について必要な注意を払うよう努めることが望ましい。

　　こうした責務の趣旨も踏まえ、事業主は、4（1）イの職場におけるパワーハラスメントを行ってはならない旨の方針の明確化等を行う際に、当該事業主が雇用する労働者以外の者（他の事業主が雇用する労働者、就職活動中の学生等の求職者及び労働者以外の者）に対する言動についても、同様の方針を併せて示すことが望ましい。

　　また、これらの者から職場におけるパワーハラスメントに類すると考えられる相談があった場合には、その内容を踏まえて、4の措置も参考にしつつ、必要に応じて適切な対応を行うように努めることが望ましい。

7　事業主が他の事業主の雇用する労働者等からのパワーハラスメントや顧客等からの著しい迷惑行為に関し行うことが望ましい取組の内容

　　事業主は、取引先等の他の事業主が雇用する労働者又は他の事業主（その者が法人である場合にあっては、その役員）からのパワーハラスメントや顧客等からの著しい迷惑行為（暴行、脅迫、ひどい暴言、著しく不当な要求等）により、その雇用する労働者が就業環境を害されることのないよう、雇用管理上の配慮として、例えば、（1）及び（2）の取組を行うことが望ましい。また、（3）のような取組を行うことも、その雇用する労働者が被害を受けることを防止する上で有効と考えられる。

（1）相談に応じ、適切に対応するために必要な体制の整備
　　（以下略）

（2）被害者への配慮のための取組
　　（以下略）

（3）他の事業主が雇用する労働者等からのパワーハラスメントや顧客等からの著しい迷惑行為による被害を防止するための取組
　　（以下略）

あとがき

このところ在宅勤務をしている方から、職場でのパワハラ問題に泣き寝入りしてきたのをきちんと対応したいという電話やメールの相談を多く受けます。いわゆるコロナ時間が自分の生き方を見つめ直させたのかもしれません。被害者からだけではなく、行為者からの相談も増えています。パワハラ相談はセクハラよりもその内容が多種多様なため、筆者の相談対応が適切だったのか自問自答する苦しい日々が続いています。

＊

昨今、カミュが著わした『ペスト』があらためて注目されています。それを再読しながら、医師リウーの、ペストで脅かされる民衆に共感し、人々と一体となろうする姿から、ある男性役員を思い出しました。

彼は、部下の能力を引き出そうとして厳しく叱責したところ、パワハラ行為者とされ、会社からは、それが通常のトラブルより重いと判断されて平社員に降格する処分を受け、自主退職を余儀なくされました。今後の職業人生のために自分の言動の問題点を教えてほしいと相談を受けた筆者は、部下の女性が高いレベルの仕事を要請されて苦しんでいたときに、上司として同じ仕事でともに苦労しているという態度で接することが十分ではなかったのではないか、と指摘しました。それに対して彼は、「相手を一方的に叱責するばかりで、親身になって話を聴くことはなかった。アドバイスを今後に活かしたい」と話しました。

原因が何であれ、行為者とされる側の狙いや意図がどのようなものであれ、第三者から強制されて自分の意志とは異なる方向に行動をねじ曲げられるのは耐えがたい苦痛です。ハラスメント行為者に決定的に欠けているのは、その気持ちに思いを寄せようとする態度かもしれません。

2020年7月 元赤坂のオフィスにて
野原蓉子

野原蓉子（のはら・ようこ）

埼玉大学卒業。教職を経て1976年日本産業カウンセリングセンター設立、代表取締役理事長。企業でのカウンセリングのほか、メンタルヘルスの相談、管理者の対応相談、官公庁・大学などでの講演、研修に従事。労働省（現厚生労働省）セクシュアル・ハラスメント調査研究会委員などを歴任。臨床心理士。著書「こうして解決する！ 職場のパワーハラスメント」、「セクハラ防止ガイドブック」（共著）、「パワハラ防止ガイドブック」（共著）（経団連出版）、「言いにくいことを伝える技術」（PHP研究所。〔中国語に翻訳〕「從此不再有口難言」（東販出版））、DVD「メンタル・ケアの「聞く」技術」（監修、日本経済新聞出版社）、DVD「「メンタルヘルスケア」実践のポイント」（監修、PHP人材開発）、「マンガまるわかりハラスメント」（監修、新星出版社）、「それ、やってはいけない！ ハラスメント大全」（監修、青春出版社）ほか。

連絡先：日本産業カウンセリングセンター
　　　　電話03（3404）9422　電子メール mail@mentor.co.jp

［改訂増補］パワハラ・セクハラ・マタハラ相談はこうして話を聴く
－こじらせない！ 職場ハラスメントの対処法

著者◆
野原蓉子

発行◆2017年12月20日 第1版第1刷
　　　2020年 7月31日 改訂増補版第1刷
　　　2023年 7月31日 改訂増補版第3刷

発行者◆
大下　正

発行所◆
経団連出版

〒100-8187 東京都千代田区大手町1-3-2
経団連事業サービス
URL◆http://www.keidanren-jigyoservice.or.jp
電話◆［編集］03-6741-0045 ［販売］03-6741-0043

印刷所◆精文堂印刷